内部控制
对企业融资的影响研究

Study on the Impact of
Internal Control on Enterprise Financing

彭文伟 著

经济科学出版社
Economic Science Press

图书在版编目（CIP）数据

内部控制对企业融资的影响研究／彭文伟著 . —北京：
经济科学出版社，2020. 7
ISBN 978 - 7 - 5218 - 1711 - 9

Ⅰ. ①内… Ⅱ. ①彭… Ⅲ. ①企业内部管理 - 影响 -
企业融资 - 研究 - 中国 Ⅳ. ①F279. 23

中国版本图书馆 CIP 数据核字（2020）第 129330 号

责任编辑：孙怡虹 赵 岩
责任校对：蒋子明
责任印制：李 鹏 范 艳

内部控制对企业融资的影响研究
彭文伟 著
经济科学出版社出版、发行 新华书店经销
社址：北京市海淀区阜成路甲 28 号 邮编：100142
总编部电话：010 - 88191217 发行部电话：010 - 88191522
网址：www. esp. com. cn
电子邮箱：esp@ esp. com. cn
天猫网店：经济科学出版社旗舰店
网址：http：//jjkxcbs. tmall. com
北京季蜂印刷有限公司印装
710×1000 16 开 7. 5 印张 130000 字
2020 年 11 月第 1 版 2020 年 11 月第 1 次印刷
ISBN 978 - 7 - 5218 - 1711 - 9 定价：36. 00 元
（图书出现印装问题，本社负责调换。电话：010 - 88191510）
（版权所有 侵权必究 打击盗版 举报热线：010 - 88191661
QQ：2242791300 营销中心电话：010 - 88191537
电子邮箱：dbts@ esp. com. cn）

前　言

　　内部控制对企业发展有着重要意义，1992 年美国反虚假财务报告委员会下属的发起人委员会（The Committee of Sponsoring Organizations of the Treadway Commission，COSO）发布了著名的《内部控制——整合框架》，此文件发布后，仍然曝出了安然事件、世界通讯公司造假等会计丑闻，2002 年美国颁布了《萨班斯—奥克斯利法案》，对企业内部控制进行了更严格的规定。企业的内部控制问题不断受到关注，2008 年我国五部委（财政部、中国证券监督管理委员会、审计署、中国银行业监督管理委员会、中国保险监督管理委员会）联合发布《企业内部控制基本规范》和《企业内部控制配套指引》，明确了内部控制的内涵、目标和要素。

　　高质量的内部控制能够减少企业的代理问题，使企业的公司治理更完善，运营和发展良好，财务决策准确高效，企业高级管理人员（以下简称"高管"）不会因为私利而进行非效率投资、非效率融资。中小股东利益受到保护，控股股东为了公司利益最大化决策。同时，高质量的内部控制降低了企业与债权人和投资者之间的信息不对称，保障了财务报告的高质量，债权人和投资者能够更全面地获得企业信息，了解企业的发展状况，更科学地做出决策，从理论和实务研究看，企业内部控制水平不仅影响融资资本成本，还影响企业的财务决策，探讨内部控制与企业融资的关系有重要意义。

　　本书研究了内部控制对企业融资的影响，具体从内部控制对企业债务融资的影响、内部控制对企业股权融资的影响、内部控制对企业资本结构的影响进行了研究。内部控制从企业总体内部控制和内部控制五要素两方面展开研究，考虑到产权性质的影响，样本上细分为国有企业和非国有企业。总体来看，内部控制有利于企业获得更大融资规模，从企业总体的融资结构看，内部控制水平越高，企业股权融资比例越大。主要研究结论如下：

　　（1）内部控制对企业债务融资的影响。全样本的企业内部控制与债务融资规模显著正相关，表明企业的内部控制水平越高，越能获得更大规模的债务融资。内部控制与企业债务期限结构显著正相关，表明企业内部控制水平越高，企业越能够获得更多长期融资。企业性质和企业债务期限结构显著正相关，从产权性质分析，如果企业为国有企业，内部控制越好，企业越能获得更多长期债务融资，一定程度说明国有企业在债务融资方面，与非国有企业相比，存在显著优势。非国有企业内部控制与债务融资规模显著正相关。

在全样本分析中，内部环境、信息与沟通指数与企业融资规模显著正相关，表明企业内部环境、信息与沟通水平越高，越能够获得更大规模的债务融资。风险评估和内部监督指数和企业债务期限结构显著正相关，显示企业风险评估水平和内部监督工作越严格，企业越能够获得更多的长期债务，银行在审批企业借款时，企业风险水平和整体公司监督机制运行是重点考虑因素，若企业风险管理水平高，银行在审批企业借款时，更容易通过审核获批长期借款。内部环境、控制活动和信息与沟通指数越高，企业的管理水平和管理效率越高，企业的长期债务比率越低，可以降低融资成本。

（2）内部控制对企业股权融资的影响。内部控制与企业股权融资金额为显著正相关关系，内部控制水平越高，企业获得的股权融资金额越大，内部控制与股权融资比例显著负相关，表明企业在内部控制水平较高时，虽然能够获得更多融资规模，但占总资产的比例变小，融资决策变得更加谨慎，严格控制股权融资金额占总资产的比例。

内部环境和信息与沟通与企业股权融资规模显著负相关，这两项指数越高，企业的管理水平和管理效率越高，企业的股权融资规模和比例越低，企业可以减少股权融资的非效率行为，降低融资成本。控制活动与股权融资规模无显著关系，风险评估和内部监督指数和企业股权融资规模显著正相关，显示企业风险评估水平和内部监督工作越严格，越能够控制融资风险，企业从而能够获得更多的股权融资。

此外，细分研究了内部控制对企业首次公开募股（IPO）融资规模、市场表现、配股融资规模、公开增发融资规模、定向增发融资规模的影响，总体上结果表明企业内部控制水平越高，企业各类股权融资规模越大。

（3）内部控制对企业资本结构的影响。内部控制与企业资本结构为显著负相关关系，内部控制水平越高，企业负债占总资产的比例越低，表明企业更倾向选择股权融资，但当选用内部控制指数时，国有企业内部控制指数越高，负债所占资产比例越高，表明企业内部控制越好，风险越低，加上国有企业债务融资的先天优势，会更多选择债务融资。

内部环境、控制活动、信息与沟通对企业资本结构显著负相关，这三项指数越高，企业的管理水平和管理效率越高，企业负债所占资产比例越低，企业更倾向股权融资。内部监督指数和企业资本结构显著正相关，显示企业内部监督为保障的前提下，可以承担债务融资还本付息的风险，债务融资占总资产比例较高。

本书研究内部控制对企业融资的影响，一方面，拓展内部控制经济后果研究内容；另一方面，提供内部控制对企业业绩影响研究路径。从实践来说，对债权人和投资者的决策提供参考；对上市公司来说，研究内部控制对其融资的影响，提高融资决策效率；对政府部门来说，对于制定内部控制政策和相关规定提供支持。

目 录

第1章 绪 论

1.1 研究背景

内部控制对企业发展有着重要意义，1992 年 COSO 发布了著名的《内部控制——整合框架》，此文件发布后，仍然曝出了安然事件、世界通讯公司造假等会计丑闻，2002 年美国颁布了《萨班斯—奥克斯利法案》，对企业内部控制进行了更严格的规定。企业的内部控制问题不断受到关注，2008 年我国五部委（财政部、证监会、审计署、银监会、保监会）联合发布《企业内部控制基本规范》和《企业内部控制配套指引》，内部控制基本规范明确了内部控制的内涵、目标和要素。自 2009 年 7 月 1 日首先在我国上市公司范围内施行。目前，上市公司除披露内部控制评价报告外，还要披露内部控制审计报告。2017 年，披露了年度内部控制评价报告的共 2864 家上市公司，占披露年度报告的 A 股上市公司数量的 91.88%，披露了内部控制审计报告的上市公司为 2253 家，占披露年度报告的 A 股上市公司数量的 72.28%[①]。

高质量的内部控制能够减少企业的代理问题，使企业的公司治理更完善，运营和发展良好，财务决策准确高效，企业高管不会因为私利而进行非效率投资、非效率融资。中小股东利益受到保护，控股股东为了公司利益最大化决策。同时，高质量的内部控制降低了企业与债权人和投资者之间的信息不

---

① 中国上市公司 2017 年内部控制白皮书。

对称，保障了财务报告的高质量，债权人和投资者能够更全面地获得企业信息，了解企业的发展状况，更科学地做出决策，企业内部控制的不断加强，使企业制度和管理更加规范和科学，将更好促进企业的各项决策，企业融资决策作为非常重要的决策，直接影响企业经营，甚至企业存亡，必然受到内部控制的影响，已有研究表明内部控制影响企业的融资成本，从已有的实例分析，企业内部控制确实极大地影响了企业融资决策和融资效果，如 2015 年 3 月永祥股份、迪贝电气因为内部控制存在问题首次公开募股（Initial Public Offering，IPO）被否，没有通过发行审核委员会审核。2015 年 3 月，现代制药的关联独董未及时辞职，证监会认定，现代药业内部控制存在重大缺陷，没有通过公司定增募资 15.1 亿元的申请。

企业的融资分为债务融资和股权融资两大类，企业的股权融资和债务融资比例形成了企业的资本结构，而债务融资涉及债务融资规模和债务期限结构等内容，股权融资包括 IPO 融资和股权再融资，股权再融资方式有配股、公开增发和定向增发。本书为将从债务融资、股权融资和资本结构详细研究内部控制对企业融资的影响。

从理论和实务研究看，企业内部控制水平影响融资资本成本，企业的内部控制水平影响企业的财务决策，探讨内部控制与企业融资的关系有重要意义。

1.2　研究意义

1.1.1　理论意义

（1）拓展内部控制经济后果研究内容。少有文献分析内部控制对企业各类融资影响的文献，已有研究分析了内部控制对资本成本、盈余质量、审计定价的影响，其中对资本成本的研究与融资最相关，而企业的融资包括债务融资和股权融资，股权融资又可以分为多种融资方式，每种融资方式均不相同，具体研究内部控制对企业债务融资、股权融资的影响，可以拓展内部控制的经济后果研究。

（2）提供内部控制对企业业绩影响研究路径。已有研究探讨了内部控制对企业业绩的影响，但内部控制并不完全是直接影响企业业绩，二者之间的影响路径很少有文献涉及。本书将企业融资作为路径，内部控制水平的提高影响公司业绩，公司的日常经营中，内部环境的改善通过影响财务决策，最后传递给公司业绩，研究内部控制对企业融资的影响，有利于分析内部控制对企业业绩的作用机理。

1.1.2　实践意义

（1）对债权人和投资者，作为企业资金的投入者，是否投入资金到企业，直接关系到债权人和投资者的利益。如何更好地衡量具有融资需求企业的情况，对其内部控制水平进行分析，是重要的参考信息，更科学地确定借款方式、期限、金额，投资者更高效地选择投资目标公司。

（2）对上市公司来说，研究内部控制对其融资的影响，可以促进其更好地提高自身内部控制水平，拓宽融资渠道，在企业存在融资需求时，可以科学高效地制定融资决策、融资方式、调整自身资本结构，降低融资成本，提高公司利润。

（3）政府部门，对于制定内部控制政策和相关规定提供支持。我国相关政府部门不断推进企业的内部控制相关工作。研究内部控制对企业融资的影响，预期内部控制水平会提高企业融资决策的效率。可以为政府部门在制定内部控制的相关规定时，在企业融资方面给予建议参考。

1.3　创新之处

（1）通过企业融资的研究，丰富内部控制的经济后果研究。具体研究内部控制对企业债务融资、股权融资的影响，包括融资规模、市场反应等方面的影响，探讨内部控制对资本结构影响。每种融资方式均不相同，细分研究内部控制对企业每种融资的影响，可以拓展内部控制的经济后果研究。

（2）为内部控制对企业业绩影响提供新的研究路径。内部控制水平的提高影响公司业绩，公司的日常经营中，内部环境的改善通过影响财务决策，最后传递给公司业绩，通过"内部控制—融资行为—公司业绩"的研究路径，更加深入地分析内部控制对公司业绩的影响。

1.4　研究内容

本书研究内部控制对企业融资的影响，具体从三个方面分析：内部控制对债务融资的影响、内部控制对股权融资的影响和内部控制对企业资本结构的影响。首先，研究的绪论和文献回顾；其次，具体展开分析三个主要内容，并将内容进一步细分，债务融资将分为融资规模和债务期限分析，股权融资将分为IPO、配股、公开增发和定向增发，资本结构将探讨企业融资结构、整体融资状况等内容；最后，总结研究结论。

第1章绪论。阐述选题背景、研究意义、研究内容等基础问题。

第2章文献综述。回顾企业内部控制、企业融资的文献，梳理内部控制与企业融资的文献，在此基础上，评述已有研究的总体现状和不足，提出本书研究的合理性。

第3章内部控制对债务融资的影响研究。探讨内部控制与债务融资规模的关系，企业内部控制越有效，企业是否有更大的融资规模；内部控制越好，是否能获得更多的长期债务融资。

第4章内部控制对股权融资的影响研究。股权融资的金额是否受内部控制的影响，IPO、配股、定向增发和公开增发等股权融资方式，是否受内部控制的影响，如何影响。

第5章内部控制对资本结构的影响研究。探讨内部控制如何影响资本结构，以及对整体融资的影响。

第6章结论与展望。总结本书研究结论、提出建议，探讨研究局限性及未来研究展望。

研究内容的思路如图1-1所示。

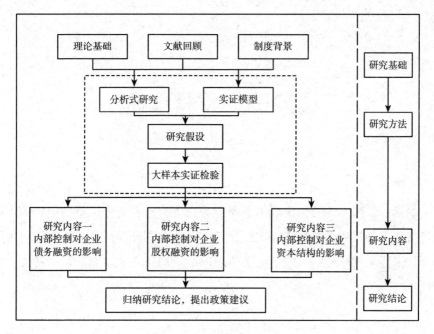

图1-1 技术路线

1.5 研究方法

在理论分析的基础上进行大样本分析，理论分析主要采用规范研究、分析式研究，大样本分析主要采用多元回归分析方法。数据用 Stata 10.0 和 Sas 9.0 软件处理。第2章文献综述采用规范分析的方法，第3、第4、第5章采用大样本的多元回归方法，分析内部控制对企业融资的影响。

第 2 章　文献综述

本章回顾国内外关于企业内部控制和融资的已有研究，首先回顾内部控制经济后果研究和企业融资的文献，其中企业融资分为债务融资和股权融资两部分进行文献回顾。在此基础上梳理内部控制与企业融资的已有研究，最后评述已有文献。

2.1　内部控制经济后果研究

内部控制对企业价值的研究，林钟高和王书珍（2007）研究表明内部控制水平与企业价值为正相关关系，内部控制水平越好，企业价值越大。张川等（2009）以房地产企业为样本，发现内部控制质量越好，公司业绩越高。查剑秋等（2009）采用调研研究方法，指出内部控制是企业提升价值的保障。

内部控制与盈余质量的研究，阿什博斯凯夫等（Ashbaugh-Skaife et al.，2008）考察了内部控制缺陷对应计质量的影响，发现公司内部控制缺陷与企业应计质量同向变动。张国清（2008）指出内部控制并不会直接影响盈余质量，企业的特征和治理因素为二者的中介路径。方春生等（2008）对中国石化公司进行了调查研究，发现内部控制制度的实施，提高了企业财务报告的可靠性，提高了公司盈余质量。张龙平等（2010）探讨了内部控制审计报告对盈余质量的影响，发现企业内部控制选择由会计师事务所审计，可以提高公司的盈余质量。吴和李（Goh & Li，2011）对披露内部控制重大缺陷的企业进行研究，认为企业内部控制质量越好，盈余稳健性越好，盈余质量越高。方红星等（2011）指出企业内部控制水平越高，企业盈余管理活动越少，若企业的内部控制通过会计师事务所的审计，将进一步降低企业的盈余管理程度。

内部控制与代理成本的研究，杨德明等（2009）研究了内部控制与大股东资金占用的关系，发现内部控制越有效，企业大股东资金占用越少，减少了所有者和管理者之间的代理冲突，降低了代理成本。杨玉凤等（2010）将代理成本分为显性代理成本和隐性代理成本，检验了内控制信息披露与代理成本的关系，发现内部控制信息披露与显性代理成本没有显著关系，与隐性代理成本为负相关关系。

内部控制与审计的研究，张国清（2010）认为首次内部控制进行外部审计，不会缩短审计延迟时间，但是下一年将会减少审计延迟时间，提高审计效率。张敏等（2010）考察了内部控制缺陷对审计定价的影响，发现企业内部控制缺陷与审计定价呈正向关系，存在内部控制缺陷，审计定价提高。杨德明等（2010）探讨了企业内部控制与独立审计的监督作用，认为如果企业的内部控制质量比较高，那么外部审计的监督作用将会弱化。

内部控制与违规的研究，单华军（2010）针对上市公司违规事件进行了研究，发现内部控制缺陷和企业违规处罚的可能性显著正相关。不同级别政府控制的企业处罚的可能性也不同。周继军等（2011）认为提高公司内部控制质量，可以降低管理人员舞弊的可能性，尤其是公司治理的影响，公司治理为内部控制的主要内容，公司治理的改善，可以提升企业内部控制治理，减少管理者舞弊行为。

内部控制信息披露的经济后果研究，哈莫斯利等（Hammersley et al.，2008）认为内部控制信息的披露对股票价格会产生影响，内部控制缺陷程度、内部控制是否有效、内控审计报告等这些信息都会影响公司的股票价格，验证了内部控制信息披露的重要作用。洛佩斯等（Lopez et al.，2009）对比了内部控制审计的重要作用，若企业披露的内部控制审计报告为负向的，将导致投资者对企业更低的评价。吴益兵（2009）探讨了内部控制信息披露与会计信息价值的关系，发现不是所有披露的内部控制信息都是具有会计价值，通过会计师事务所审计的内部控制报告，可以提高内部控制信息的有用性。金等（Kim et al.，2009）分析了企业披露内部控制缺陷披露时的市场反应，探讨了在市场变动情况下的非正常股票收益变动。李万福等（2010）研究了内部控制信息披露与企业非效率投资和财务危机可能性的关系，内部控制信息披露与非效率投资负相关，与陷入财务危机可能性负相关。罗斯等（Rose et al.，2010）研究了内部控制信息披露时投资者的反应，当公司披露内部控制重大缺陷时，投资者会重新评估其风险。

张川等（2009）认为企业内部控制的质量和公司业绩显著正相关。黄寿昌等（2010）研究了企业自愿披露内部控制评价报告的经济后果，发现其股票交易更为活跃，自愿披露内部控制报告向市场传递了积极信号。邱冬阳等（2010）分别研究内部控制信息披露和内部控制缺陷整改的披露与市场反应的关系，认为内部控制信息披露时市场没有明显反应，但披露内部控制缺陷整改时，市场会有正面的市场反应。黄新建等（2010）以内部控制评价报告是否披露为信息透明度的衡量指标，发现如果企业披露内部控制自我评价报告，将提升企业的经营业绩，对企业发展有促进作用。

2.2　企业融资研究

2.2.1　债务融资研究回顾

债务融资的文献回顾，主要包括信息不对称理论和代理理论对债务融资的影响。信息不对称对债务融资的影响，罗斯（1977）探讨企业资本结构的决策，将信号理论引入分析模型。企业的杠杆率成为投资者判断的信息来源，投资者将企业杠杆率作为信号，来判断企业的价值。将补偿企业价值被高估的管理者，否则就惩罚管理者（包括降低其货币收入和声誉损失）。利兰和派尔（Lelnad & Pyl，1977）发现管理者和投资者之间存在信息不对称，管理者可以通过改变财务杠杆率向投资者传递信息，如果提高杠杆率，说明企业投资项目是好的，向市场传递积极的信息。迈尔斯和麦吉罗夫（Myesr & Maljuf，1984）提出优序融资理论，认为企业缺乏资金时，融资的顺序是先使用自有资金，然后选择债务融资，最后选择股权融资。不同的融资方式，向企业外部传递了不同的信息。

委托代理问题与债务融资，詹森和麦克林（Jenson & Mecking，1977）最早提出了代理问题和企业资本结构的关系，文中提到了管理者和所有者的代理问题，管理者和债权人的代理冲突，股权投资者和债券投资的利益追求差异。提出了债务的治理效应，一方面，增加债务，可以提高股权投资者的利益，缓解管理层和股东的代理冲突；另一方面，负债增加会提高公司的风险，管理者投资高风险的项目，会降低公司的价值。哈里斯和拉维夫（Harris & Raviv，1990）指出企业通过收益和成本的平衡，存在最优的资本结构。斯图尔兹（Sutzl，1990）指出负债一方面可以减少管理者的无效率投资行为，另一方面可能使管理者无法投资有收益的项目。戴蒙德（Diamond，1989）提出了企业的声誉会对企业融资产生影响。赫什利弗和撒克（Herhseilefr & Thkaor，1989）认为管理者为了自己声誉，会选择风险回避，投资风险小的项目。

2.2.2 股权融资研究回顾

股权融资方式选择及融资规模确定，斯蒂文森（Stevenson，1957）研究结果表明，上市公司股权再融资方式，在不同的时间所占比例不同，美国上市公司股权再融资在 1933 ~ 1955 年以配股融资为主要方式，之后以配股融资方式比例下降，更多公司选择包销发行方式，之后几乎很少公司选择配股融资方式。埃克博（Eckbo，1986）研究了不同资本市场融资方式的选择，1964 ~ 1981 年，美国很少的公司选择配股方式发行债券，但在加拿大、欧洲和亚太地区，多数公司采用配股方式进行股权再融资。彭文伟（2017）发现自 2006 年我国上市公司可以采用定向增发进行股权再融资以后，选择配股和公开增发进行股权再融资的公司减少，更多公司选择定向增发进行股权再融资。

股权融资的宣告效应研究，股权融资作为资本市场上的重要事件，对上市公司和投资者来说都是重要的关注事项。公司选择进行股权融资，市场如何反应是研究的热点问题。主要采用事件研究法进行分析，探讨股权融资后的市场反应。已有文献研究中，对 IPO 融资的宣告、配股、公开增发和定向增发的宣告效应均有研究，不同融资方式的宣告效应并不相同，同一种融资方式的宣告效应也可能随着时间的推移、市场环境的变化而发生改变。从已有的研究结论看，定向增发的短期宣告效应优于配股融资和公开增发融资。定向增发的短期宣告效应一般为正向，公开增发的市场效应为负向。罗克

（Wruck，1989）认为定向增发公告期的超额收益显著为正，赫兹尔和史密斯（Hertzel & Smith，1993）研究结果表示定向增发公告日前三天有正的超额收益。巴克利等（Barclay et al.，2001；Wu et al.，2005）同样得出定向增发公告后正的超额收益。

2.2.3 资本结构研究回顾

从莫迪格利安尼（Modigliani）和米勒（Miuer）（简称 MM）提出资本结构理论，到现在为止，出现了很多有代表性的资本结构理论，如代理理论、权衡理论等，这些理论从不同的角度研究了资本结构。唐国正等（2006）对资本结构理论进行了回顾，文章梳理了 MM 定理、静态平衡理论、不对称信息理论和代理理论在资本结构里的应用、产品市场和控制权市场驱动的资本结构理论，以及到目前为止文献最多的基于实证分析的资本结构研究。已有学者从多角度研究了企业资本结构的影响因素和资本结构对企业绩效的影响。苏东蔚等（2009）研究不同经济周期时，企业的资本结构。认为我国资本结构与经济周期存在反向作用。孔庆辉等（2010）分析了不同行业在不同经济周期的资本结构变化。黄继承等（2016）研究了经理薪酬与资本结构动态调整的关系。有序融资理论认为企业缺乏资金时，融资的顺序是先使用自有资金，然后选择债务融资，最后选择股权融资。企业资本结构是企业重要的决策，直接影响企业的生存与发展，研究文献非常丰富，在此不全部回顾。

2.3 内部控制与企业融资

2.3.1 内部控制与债务融资

已有内部控制与债务融资的研究，主要是围绕内部控制对债务融资成本的影响进行分析，少量研究涉及内部控制缺陷对债务期限结构的影响。金等（Kim et al，2011）分析了内部控制缺陷对企业债务契约的影响，发现披露了内部控制缺陷的公司债务融资成本较高，若企业披露存在重大内部控制缺陷，债务融资成本更高。科斯特洛等（Costello et al.，2011）探讨了公司内控缺陷披露对债务融资的影响，结果表明公司若披露存在内控缺陷，获得银行贷款的难度加大，且支付比较高的利率给银行。达利瓦等（Dhaliwal et al.，2011）研究表明公司披露重大内部控制缺陷，会增加公开交易债券利率。邓德强等（2011）建立了内部控制信息质量评价体系，进行了实证分析，发现银行在贷款给企业时，会考虑企业的内部控制情况，企业内部控制情况越好，债务融资成本越低。陈汉文等（2014）研究了内部控制质量与企业债务融资成本的关系，发现内部控制质量越高，银行债务融资成本越低，内部控制质量的提高可以降低公司与银行之间的信息不对称，减少公司的代理问题。龙姣（2014）构建了内部控制信息质量评价体系，分析了内部控制信息披露对融资成本的影响，研究得出内部控制信息披露质量越高，企业的财务风险越低，债务人融资成本越低。周振平（2014）立足于中国制度背景，分析了内控对债务融资规模和成本的影响机理。发现内部控制与企业融资规模显著正相关，与债务融资成本有显著负相关。林斌等（2015）研究发现公司内部控制质量越高，企业的债务成本越低。内部控制信息披露指数越高，企业越能够获得更多长期债务融资，公司内部控制质量越高，公司诉讼对债务企业的负面影响越小。赖丽珍等（2016）的研究结果表明内部控制质量越高，债权人认为经营能力越强，从而银行贷款利率越低，企业债务融资成本降低。林钟高等（2017）从缺陷修复和内控制度变迁的角度，分析了内部控制缺陷及修复与债务融资成本的关系，结果发现内部控制缺陷与债务融资成本正相关，内部控制缺陷修复可以降低债务融资成本。修宗峰等（2018）发现公司内部控制缺陷影响债务期限结构，内部控制缺陷越严重，企业的长期债务比例越小。

2.3.2 内部控制与股权融资

已有文献中主要研究内部控制对股权融资成本的影响，奥涅瓦等（Ogneva et al.，2007）研究表明如果企业披露内部控制缺陷，会增加资本成本。而贝奈施等（Beneish et al.，2008）指出内部控制缺陷披露和资本成本没有显著关系。王敏等（2011）对内部控制质量与权益资本成本关系的文献进行了梳理和点评，认为内部控制质量对权益资本成本的影响，一方面是从信息风险角度，内部控制影响权益资本成本，另一方面是从商业风险角度，权益资本成本将受到内部控制质量的影响。张然等（2012）指出企业披露内部控制自我评价和鉴证报告，向市场传递了内部控制有效的信号，有助于降低企业资本成本。闫志刚（2013）构建了内部控制指数衡量内部控制质量，对内部控制质量对股权资本成本影响进行了实证分析，结果表明内部控制越好，股权资本成本越低，信息风险、经营风险和系统风险起中介作用。施继坤（2014）研究了自愿性内部控制审计披露对权益资本成本的影响，认为上市公司自愿披露正面意见的内控审计报告，传递了积极信息给市场，使得权益资本成本降低。龙姣（2014）构建了内部控制信息质量评价体系，分析了内部控制信息披露对融资成本的影响，研究得出内部控制质量向市场传递了信号，内控水平越高，表明企业经营情况越好，有利于降低股权融资成本。

张月（2016）认为企业披露无保留意见的内部控制审计意见，投资者会认为企业内部控制水平较高，有利于降低企业在资本市场上的融资成本。王砚（2016）认为企业内部控制质量越好，权益资本成本越低，具体探讨作用机理时，认为财务报告信息质量为二者关系的中介变量。温国林（2017）探讨内部控制缺陷披露与权益资本成本的关系，内部控制缺陷的披露会使权益资本成本增加，披露内部环境、风险评估、信息与沟通的缺陷，也增加权益资本成本。丁卓君（2017）指出内部控制质量越高，越有利于投资者对企业的预期更加合理准确，降低对企业要求的报酬率，企业风险会降低，进而企业的权益资本成本减少，吴益兵（2009）、孙文娟（2011）、程智荣（2011）也对内部控制对股权成本的影响进行了研究。

较少学者研究了内部控制与股权融资偏好的关系，陆正飞等（2003）通过问卷调查分析，发现中国上市公司的融资行为，最突出是股权融资偏好。孟媛（2016）选取 A 股上市公司为研究对象，构建了内部控制评价体系，分析企业内部控制水平和股权融资概率负相关。企业内部控制水平越高，越可以降低企业代理问题，完善企业融资结构。

2.3.3 内部控制与资本结构

郝东洋等（2015）通过实证分析了内部控制与资本结构动态调整的关系，

企业内控控制质量越高，资本结构与目标资本结构越接近，偏离最优资本结构时，调整速度越快。唐丽红等（2018）指出企业内部控制水平越好，企业管理效率越高，资本结构调整速度越快；在资产负债率比较高的企业更明显。邵春燕等（2014）对内部控制与资本结构关系的机理进行了阐述，认为资本结构与内部控制相互影响。林钟高等（2009）通过实证研究内部控制信息披露对公司价值的影响时，发现企业内部控制信息披露水平与资产负债率显著正相关。

2.4　研究评述

（1）少有文献研究内部控制对企业每种融资方式的影响，已有研究分析了内部控制对资本成本、盈余质量、审计定价的影响，内部控制对债务融资和股权融资的研究集中在融资成本的探讨，少有研究融资规模与债务期限结构的文献，基本没有具体研究内部控制对股权融资各种方式（如 IPO、配股、公开增发和定向增发）的影响，单纯考虑资本成本并不能全部阐明内部控制与企业融资的关系。

（2）研究内部控制对企业业绩影响的文献较多，但其影响路径较少。内部控制的目标是合理保证企业经营管理合法合规、资产安全、财务报告及相关信息真实完整，提高经营效率和效果，促进企业实现发展，提升企业价值，企业财务决策是直接影响企业业绩的因素，少有文献将融资决策作为内部控制与企业业绩的中介桥梁，来探讨内部控制对公司业绩的作用机理。

第3章 内部控制对债务融资的影响研究

3.1 引言

内部控制水平涉及企业经营的方方面面，体现企业的经营管理状况。内部控制的目标是合理保证企业经营管理合法合规、资产安全、财务报告及相关信息真实完整，提高经营效率和效果，促进企业实现发展战略，此外内部控制包含内部环境、风险评估、控制活动、信息与沟通、内部监督五大要素①。内部控制是衡量企业整体情况的指标，如果企业内部控制各项指标良好，那么企业是良好的经营态势。内部控制直接贯穿企业的各项决策，一方面，从企业自身来看，高质量的内部控制，代表了企业高效率的运营，降低企业发展过程中的代理问题引致的低效率和无效率决策，债务融资决策的正确性和效率将会提高。另一方面，企业的债权人在决定是否借款给企业时，会对企业进行基本情况、经营状况、风险状况等多方面的调查和了解，确定给企业的资金额度和期限。从信息不对称角度分析，如果企业整体内部控制水平较高，将向银行等债权人传递更多企业内部经营的信息，降低信息不对称，增加债权人对企业的认可。

债务融资是企业资金来源的主要方式，拥有筹资速度快、成本低、可以发挥财务杠杆的优势。债务融资按照时间期限分为短期债务和长期债务，长期借款由于期限较长，对银行来说风险更大，对企业的审核更加严格。为降

---

① 《企业内部控制基本规范》，2008 年。

低风险，银行要求的限制性条款较多，企业获得短期借款比长期借款容易些，而如果企业的内部控制较好，是否有利于企业获得长期债务融资？

本章将研究内部控制对企业债务融资的影响，具体研究内部控制对债务融资规模和债务期限结构的影响。在我国的资源配置中，政府有重要作用，银行贷款作为企业的重要资源也受到影响，国有企业与非国有企业在企业性质上的差异，主要体现在国有企业相对非国有企业在资源获取方面，更多地得到政府的支持。在此背景下，研究时首先分析总样本，然后将样本分为国有企业和非国有企业进行研究，在探讨内部控制是否影响企业的融资规模和债务期限结构的基础上，将样本分为国有企业和非国有企业，进一步分析内部控制对债务融资的影响。

本章的主要贡献为：在内部控制指标的选取上，除了总体内部控制指数，还分析了内部控制五要素对企业债务融资的影响。从内部控制的角度研究企业债务融资，可以丰富内部控制经济后果的研究，拓展对企业债务融资的分析和研究。

本章其余部分的结构安排如下：3.2 是文献回顾及研究假设；3.3 是数据来源及研究设计；3.4 是实证检验结果，分为描述性统计、相关性检验、内部控制对企业债务融资规模和企业债务期限结构的影响分析；3.5 是本章小结。

3.2 文献回顾及研究假设

《企业内部控制基本规范》中指出内部控制是由企业董事会、监事会、经理层和全体员工实施的，旨在实现控制目标的过程。建立与实施有效的内部控制，应当包括下列要素：（1）内部环境。内部环境是企业实施内部控制的基础，一般包括治理结构、机构设置及权责分配、内部审计、人力资源政策、企业文化等。（2）风险评估。风险评估是企业及时识别、系统分析经营活动中与实现内部控制目标相关的风险，合理确定风险应对策略。（3）控制活动。控制活动是企业根据风险评估结果，采用相应的控制措施，将风险控制在可承受范围之内。（4）信息与沟通。信息与沟通是企业及时、准确地收集、传递与内部控制相关的信息，确保信息在企业内部、企业与外部之间进行有效沟通。（5）内部监督。内部监督是企业对内部控制建立与实施情况进行监督检查，评价内部控制的有效性，发现内部控制缺陷，应当及时加以改进。

已有内部控制与债务融资的研究，主要是围绕内部控制对债务融资成本的影响进行分析，少量研究涉及内部控制缺陷对债务期限结构的影响。金等（2011）分析了内部控制缺陷对企业债务契约的影响，发现披露了内部控制缺陷的公司债务融资成本较高，若企业披露存在重大内部控制缺陷，债务融资成本更高。斯特罗等（Costeuo et al.，2011）探讨了公司内控缺陷披露对债务融资的影响，结果表明公司若披露存在内控缺陷，获得银行贷款的难度加大，且支付比较高的利率给银行。达利瓦等（Dhaliwal et al.，2011）研究表明公司披露重大内部控制缺陷，会增加公开交易债券利率。邓德强等（2011）建立了内部控制信息质量评价体系，进行了实证分析，发现银行在贷款给企业时，会考虑企业的内部控制情况，企业内部控制情况越好，债务融资成本越低。陈汉文等（2014）研究了内部控制质量与企业债务融资成本的关系，发现内部控制质量越高，银行债务融资成本越低，内部控制质量的提高可以降低公司与银行之间的信息不对称，减少公司的代理问题。龙姣（2014）构建了内部控制信息质量评价体系，分析了内部控制信息披露对融资成本的影响，研究得出内部控制信息披露质量越高，企业的财务风险越低，债务人融资成本越低。周振平（2014）立足于中国制度背景，分析了内控对债务融资规模和成本的影响机理。发现内部控制与企业融资规模显著正相关，与债务融资成本有显著负相关。林斌等（2015）研究发现公司内部控制质量越高，企业的债务成本越低。内部控制信息披露指数越高，企业能够获得更多长期债务融资，公司内部控制质量越高，公司诉讼对债务企业的负面影响越小。赖丽珍等（2016）的研究结果表明内部控制质量越高，债权人认为经营能力越强，从而银行贷款利率越低，企业债务融资成本降低。林钟高等（2017）从缺陷修复和内控制度变迁的角度，分析了内部控制缺陷及修复与债务融资成本的关系，结果发现内部控制缺陷与债务融资成本正相关，内部控制缺陷修复可以降低债务融资成本。修宗峰等（2018）发现公司内部控制缺陷影响债务期限结构，内部控制缺陷越严重，企业的长期债务比例越小。

　　已有研究表明，从代理理论和信息不对称理论分析，企业内部控制水平高，一方面说明企业整体管理水平高，代理问题越少，相对应的公司决策效果好；另一方面说明债权人和企业的信息不对称程度越低，贷款风险小，更容易批准贷款。企业会更受到债权人的青睐，获得更大融资规模，能获得更多的长期借款。

　　据此，企业内部控制越好，越容易获得融资，且能够获得期限较长的债务融资，提出以下假设。

　　假设 1：内部控制水平高的公司获得债务融资金额更大。

　　假设 2：内部环境、风险评估、控制活动、信息与沟通、内部监督与债务融资规模正相关。

　　假设 3：内部控制水平高的公司更容易获得长期借款。

　　假设 4：内部环境、风险评估、控制活动、信息与沟通、内部监督与债务期限结构正相关。

3.3　数据来源及研究设计

3.3.1　样本选取

　　《企业内部控制基本规范》2009 年 7 月开始实施，为保持样本数据和内部控制要求的一致性，故选取样本区间为 2010 ~ 2015 年，选取全部 A 股公司，样本筛选方式为：（1）剔除金融业样本；（2）删除财务指标数据不全样本；（3）剔除 ST 公司。其中，财务数据选自 CSMAR 数据库和同花顺数据库，内部控制指数、内部控制信息披露指数、内部环境、风险评估、控制活动、信息与沟通、内部监督等来自于迪博数据库。

3.3.2　变量界定与模型设计

1. 被解释变量

　　（1）债务融资规模。债务融资规模主要衡量企业获得的债务融资数额，本书只考虑银行借款额度。参考孙铮等（2006）指标，债务融资规模为短期借款、一年内到期的长期借款和长期借款之和的公司期末和期初差额，为了消除公司规模对融资额的影响，再除以总资产。该指标为正说明企业获得了新的债务融资，该指标为负或零，说明企业没有获得新的债务融资或者是企业归还的债务多于增加的债务。

（2）债务期限结构。债务期限结构主要衡量企业长期债务融资和短期债务融资的比例。参考陶晓慧（2009）的研究，债务期限结构采用两个指标衡量，一个是长期负债比例，由长期负债除以总负债得到；另一个是长期借款比例，等于长期借款除以总借款，其中总借款为短期借、一年内到期的长期借款和长期借款之和。

2. 解释变量

（1）内部控制。内部控制衡量一个企业内部控制水平的高低，借鉴已有文献逯东等（2014）、林斌等（2015），本书使用的数据来自迪博公司。选用内部控制指数和内部控制信息披露指数两个变量衡量内部控制。

- 内部控制指数是迪博公司基于内部控制五大目标设计的衡量指数，反映企业的内部控制水平，自 2011 年开始发布，对 2000 年以来上市公司历年的内部控制水平进行了衡量。借鉴相关学者的已有研究，在标准化方面采用了内部控制指数除以 100 的方式。

- 内部控制信息披露指数是迪博公司根据上市公司披露的年报和内部控制评价报告，开发设计的衡量内部控制信息披露状况的指数。

指数衡量自 2007 年以来的上市公司信息披露情况，包含一级指标、二级指标和三级指标。

（2）内部控制五要素指数。内部控制包括内部环境、风险评估、控制活动、信息与沟通、内部监督五要素。本书采用迪博公司的内部控制五要素衡量。

- 内部环境，按照迪博公司的内部控制评价体系，计算内部环境相关指标的得分，取值在 0 ~ 24。

- 风险评估，按照迪博公司的评价体系，风险评估相关指标的评分进行计算得出，取值在 0 ~ 11。

- 控制活动，按照迪博公司的评价体系，控制活动相关指标的评分进行计算得出，取值在 0 ~ 14。

● 信息与沟通，按照迪博公司的评价体系，信息与沟通相关指标的评分进行计算得出，取值在 0 ~ 6。

● 内部监督，按照迪博公司的评价体系，内部监督相关指标的评分进行计算得出，取值在 0 ~ 16。

3. 控制变量

在进行研究时，除解释变量外，仍存在一些因素会影响回归结果，在分析时需要对这些因素进行控制。本书选用了如下控制变量：控股股东持股比例代表公司治理因素，主营业务收入增长率衡量企业的成长机会；自由现金流变量，控制企业现金对债务融资的影响；每股收益用来表示企业的盈利能力。

具体变量名称及计算如表 3 – 1 所示。

表 3 –1　　　　　　　　　　　主要变量定义

变量	变量名称	变量定义
Debts	债务融资规模	［（短期借款 + 一年内将要到期的长期借款 + 长期借款）的期末值 -（短期借款 + 一年内将要到期的长期借款 + 长期借款）的期初值］/期初总资产
Debtm	债务期限结构	Debtm1，长期负债比例，由长期负债除以总负债得到。Debtm2，长期借款比例 = 长期借款/总借款，其中总借款 = 短期借款 + 一年内到期的长期借款 + 长期借款
IC	内部控制	IC1，内部控制指数，表示企业内部控制的情况，采用"迪博·中国上市公司内部控制指数"除以 100 予以标准化。IC2，内部控制信息披露指数，衡量上市公司内部控制的信息披露状况
Envir	内部环境	上市公司内部环境指标的得分，数据来自迪博·中国上市公司内部控制信息披露指数库
Risk	风险评估	上市公司风险评估指标的得分，数据来自迪博·中国上市公司内部控制信息披露指数库
Act	控制活动	上市公司控制活动指标的得分，数据来自迪博·中国上市公司内部控制信息披露指数库
Infor	信息与沟通	上市公司信息与沟通指标的得分，数据来自迪博·中国上市公司内部控制信息披露指数库
Superv	内部监督	上市公司内部监督指标的得分，数据来自迪博·中国上市公司内部控制信息披露指数库

续表

变量	变量名称	变量定义
Sholder	控股股东持股比例	直接控股股东的持股比例
Sale	主营业务收入增长率	表示企业的成长机会，（本年主营业务收入－上年主营业务收入）/上年主营业务收入
Fcf	自由现金流变量	经营活动现金流量/总资产
Eps	每股收益	等于净利润/股东权益平均余额，股东权益平均余额＝（股东权益期末余额＋股东权益期初余额）/2
Qyxz	企业性质	若企业为国有企业取1，为非国有企业取0

资料来源：作者整理而得。

4. 模型设计

模型（3.1）检验内部控制对企业债务融资规模的影响，如下所示：

$$\text{Debts} = \alpha_0 + \alpha_1 \text{IC} + \alpha_2 \text{Sholder} + \alpha_3 \text{Sale} + \alpha_4 \text{Fcf} + \alpha_5 \text{Eps} + \varepsilon \qquad (3.1)$$

其中，IC 表示内部控制，IC1 为内部控制指数，IC2 为内部控制信息披露指数，其他变量含义如表3－1所示。

模型（3.2）检验内部控制五要素分别对企业债务融资规模的影响，如下所示：

$$\text{Debts} = \alpha_0 + \alpha_1 \text{FACT} + \alpha_2 \text{Sholder} + \alpha_3 \text{Sale} + \alpha_4 \text{Fcf} + \alpha_5 \text{Eps} + \varepsilon \qquad (3.2)$$

其中，FACT 表示内部控制五要素指数，代替变量 Envir、Risk、Act、Infor、Superv 分别表示内部环境、风险评估、控制活动、信息与沟通、内部监督。其他变量含义如表3－1所示。

模型（3.3）检验内部控制对企业债务期限结构的影响，如下所示：

$$\text{Debtm} = \alpha_0 + \alpha_1 \text{IC} + \alpha_2 \text{Sholder} + \alpha_3 \text{Sale} + \alpha_4 \text{Fcf} + \alpha_5 \text{Eps} + \varepsilon \qquad (3.3)$$

其中，IC 表示内部控制，IC1 为内部控制指数，IC2 为内部控制信息披露指数，Detbm1 表示长期负债比例，Detbm2 表示长期借款比例，其他变量含义如表3－1所示。

模型（3.4）检验内部控制五要素分别对企业债务期限结构的影响，如下所示：

$$\text{Debtm} = \alpha_0 + \alpha_1 \text{FACT} + \alpha_2 \text{Sholder} + \alpha_3 \text{Sale} + \alpha_4 \text{Fcf} + \alpha_5 \text{Eps} + \varepsilon \qquad (3.4)$$

其中，FACT 表示内部控制五要素指数，代替变量 Envir、Risk、Act、Infor、Su-

perv 分别表示内部环境、风险评估、控制活动、信息与沟通、内部监督。Detbm1
表示长期负债比例，Detbm2 表示长期借款比例，其他变量含义如表 3 - 1 所示。

3.4　实证检验结果

3.4.1　描述性统计

新增借款占总资产的比率（Debts）平均为 0.01，最大值为 0.68，最小
值为 -51.83，表明样本之前债务融资规模差异很大。长期负债比例平均为
0.17，长期借款比例平均值为 0.23，最小值为 0.00，最大值为 1.00，表明有
些企业完全没有长期借款，有的企业借款全部为长期借款。内部控制指数平
均为 6.64，内控制信息披露指数平均为 31.81，内部控制五要素的最大值和
最小值均基本和取值范围一样，表明企业的内部控制五要素有比较大的差异。
控股股东持股比例平均为 37.42，表明企业持股较集中（如表 3 - 2 所示）。

表 3 - 2　　　　　　　内部控制与企业债务融资描述性统计结果

变量	样本数	平均值	标准差	最小值	最大值
Debts	11843	0.01	0.50	-51.83	0.68
Debtm1	14988	0.17	0.18	0.00	0.95
Debtm2	12219	0.23	0.29	0.00	1.00
IC1	12968	6.64	1.05	0.00	9.95
IC2	14331	31.81	8.61	0.00	59.00
Envir	14331	9.41	4.63	0.00	24.00
Risk	14331	4.30	2.74	0.00	10.52
Act	14331	7.74	3.05	0.00	14.00
Infor	14331	2.22	1.26	0.00	5.95
Superv	14331	8.14	4.62	0.00	16.00
Sholder	14761	37.42	15.73	0.60	99.32
Qyxz	14339	0.40	0.49	0.00	1.00
Sale	14334	2.56	92.22	-6665.00	4883.00
Fcf	14988	0.03	0.16	-11.06	2.46
Eps	14793	0.37	0.65	-14.60	17.53

资料来源：CSMAR 数据库、同花顺数据库和迪博数据库。

3.4.2 相关性检验

（1）全样本的相关性检验。对内部控制与企业债务融资的相关性分析如表 3－3 所示，结果显示内部控制与企业债务融资规模为正向的不显著关系，内部控制与企业债务期限结构为显著正相关关系，表明企业内部控制水平越高，企业越能够获得更多长期融资。企业性质和企业债务期限结构显著正相关，从产权性质分析，如果企业为国有企业，则能够获得更多长期债务融资，结果说明国有企业在长期债务融资方面，与非国有企业相比，存在显著优势。

表 3 －3　　　　　　　内部控制与企业债务融资相关系数（全样本）

变量	Debts	Debtm1	Debtm2	IC1	IC2	Qyxz
Debts	1					
Debtm1	0. 031 ***	1				
Debtm2	0. 103 ***	0. 679 ***	1			
IC1	0. 011	0. 021 **	0. 073 ***	1		
IC2	0. 013	0. 015 *	0. 014	0. 156 ***	1	
Qyxz	－ 0. 005	0. 218 ***	0. 206 ***	0. 064 ***	－ 0. 004	1

注：表中 ***、** 和 * 分别表示 0.01、0.05 和 0.1 的显著性水平。

资料来源：CSMAR 数据库、同花顺数据库和迪博数据库。

对内部控制五要素与企业债务融资的相关性分析如表 3－4 所示，结果显示信息与沟通指数与企业融资规模显著正相关，表明企业信息与沟通水平越高，越能够获得更大规模的债务融资。风险评估和内部监督指数和企业债务期限结构显著正相关，显示企业风险评估水平和内部监督工作越严格，企业能够获得更多的长期债务，银行在审批企业借款时，企业风险水平和整体公司监督机制运行是重点考虑因素。内部环境指数越高，企业长期借款在总借款中的比例增加，但是长期债务在总资产的比例下降，表明企业内部环境指数越高，企业融资越谨慎，债务融资比例降低，且多数债务融资为长期债务融资。控制活动和信息与沟通指数越高，企业的管理水平和管理效率越高，企业的长期债务比率越低，可以降低融资成本。

表3-4   内部控制五要素与企业债务融资相关系数（全样本）

变量	Debts	Debtm1	Debtm2	Envir	Risk	Act	Infor	Superv
Debts	1							
Debtm1	0.031 ***	1						
Debtm2	0.087 ***	0.674 ***	1					
Envir	0.008	− 0.034 ***	0.027 ***	1				
Risk	0.005	0.057 ***	0.009	− 0.374 ***	1			
Act	− 0.001	− 0.045 ***	− 0.029 ***	0.189 ***	0.284 ***	1		
Infor	0.016 *	− 0.036 ***	− 0.004	0.428 ***	0.066 ***	0.317 ***	1	
Superv	0.008	0.068 ***	0.029 ***	− 0.403 ***	0.645 ***	0.217 ***	− 0.056 ***	1

注：表中 ***、** 和 * 分别表示 0.01、0.05 和 0.1 的显著性水平。

资料来源：CSMAR 数据库、同花顺数据库和迪博数据库。

（2）国有样本的相关性检验。对国有企业内部控制与企业债务融资的相关性分析如表 3-5 所示，结果显示，在国有企业中，内部控制与企业债务融资规模为正向的显著关系，国有企业在债务融资方面，因为有国家政策和政府的支撑，在获得债务融资方面相对容易，国有企业内部控制越好，越容易获得更多债务融资。国有企业内部控制与企业债务期限结构为显著正相关关系，表明企业内部控制水平越高，企业越能够获得更多长期融资。

表3-5   内部控制与企业债务融资相关系数（国有企业）

变量	Debts	Debtm1	Debtm2	IC1	IC2
Debts	1				
Debtm1	0.087 ***	1			
Debtm2	0.084 ***	0.685 ***	1		
IC1	0.030 **	0.026 *	0.078 ***	1	
IC2	0.019	0.056 ***	0.055 ***	0.099 ***	1

注：表中 ***、** 和 * 分别表示 0.01、0.05 和 0.1 的显著性水平。

资料来源：CSMAR 数据库、同花顺数据库和迪博数据库。

对国有企业内部控制五要素与企业债务融资的相关性分析如表 3-6 所示，结果显示内部环境和信息与沟通指数与企业融资规模显著正相关，表明企业内部环境越好，债务融资规模越大；信息与沟通水平越高，越能够获得更大规模的债务融资。风险评估和内部监督指数与企业债务期限结构显著正相关，显示企业风险评估水平和内部监督工作越严格，企业越能够获得更多的长期债务，银行在审批企业借款时，企业风险水平和整体公司监督机制运行是重点考虑因素。同时发现，企业风险评估越完善，内部监督越严格，企业会显著地降低债务融资规模，且债务融资中长期债务比例显著增加。

表 3 - 6　　　　　内部控制五要素与企业债务融资相关系数（国有企业）

变量	Debts	Debtm1	Debtm2	Envir	Risk	Act	Infor	Superv
Debts	1							
Debtm1	0. 087 ***	1						
Debtm2	0. 084 ***	0. 685 ***	1					
Envir	0. 073 ***	− 0. 004	0. 043 ***	1				
Risk	− 0. 026 *	0. 087 ***	0. 053 ***	− 0. 347 ***	1			
Act	− 0. 004	0. 006	0. 019	0. 225 ***	0. 296 ***	1		
Infor	0. 061 ***	0. 012	0. 026 *	0. 468 ***	0. 065 ***	0. 346 ***	1	
Superv	− 0. 035 **	0. 050 ***	0. 015	− 0. 391 ***	0. 724 ***	0. 284 ***	− 0. 033 **	1

注：表中 *** 、 ** 和 * 分别表示 0. 01、0. 05 和 0. 1 的显著性水平。
资料来源：CSMAR 数据库、同花顺数据库和迪博数据库。

（3）非国有样本的相关性检验。对非国有企业内部控制与企业债务融资的相关性分析如表 3 - 7 所示，结果显示，在非国有企业中，内部控制与企业债务融资规模为正向的显著关系，如果企业为非国有企业，债务融资时受到的限制多于国有企业，获得债务融资的难度增加，但如果其内部控制水平较高，也能够获得比较大规模的债务融资。非国有企业内部控制与企业债务期限结构不显著，说明了企业在获得长期债务方面，即使是企业内部控制水平较高，也并没有优势获得更大比例的长期债务。

表 3 - 7　　　　　内部控制与企业债务融资相关系数（非国有企业）

变量	Debts	Debtm1	Debtm2	IC1	IC2
Debts	1				
Debtm1	0. 089 ***	1			
Debtm2	0. 113 ***	0. 637 ***	1		
IC1	0. 037 ***	− 0. 010	0. 038 ***	1	
IC2	0. 030 **	− 0. 002	− 0. 011	0. 198 ***	1

注：表中 *** 、 ** 和 * 分别表示 0. 01、0. 05 和 0. 1 的显著性水平。
资料来源：CSMAR 数据库、同花顺数据库和迪博数据库。

对非国有企业内部控制五要素与债务融资的相关性分析如表3-8所示，结果显示内部环境和信息与沟通指数与企业融资规模显著正相关，表明企业内部环境越好，债务融资规模越大；信息与沟通水平越高，越能够获得更大规模的债务融资。风险评估和内部监督指数和企业债务期限结构显著正相关，显示企业风险评估水平和内部监督工作越严格，企业能够获得更多的长期债务，银行在审批企业借款时，企业风险水平和整体公司监督机制运行是重点考虑因素。同时发现，企业内部环境和信息与沟通水平越高，企业会有显著的长期债务比例降低，但是企业会增加债务融资规模，主要应该是短期债务融资的增加。

表3-8　　　　内部控制五要素与企业债务融资相关系数（非国有企业）

变量	Debts	Debtm1	Debtm2	Envir	Risk	Act	Infor	Superv
Debts	1							
Debtm1	0. 089 ***	1						
Debtm2	0. 113 ***	0. 637 ***	1					
Envir	0. 024 *	− 0. 066 ***	− 0. 004	1				
Risk	0. 011	0. 060 ***	− 0. 012	− 0. 399 ***	1			
Act	0. 012	− 0. 033 ***	− 0. 030 **	0. 175 ***	0. 263 ***	1		
Infor	0. 047 ***	− 0. 025 **	0. 003	0. 415 ***	0. 053 ***	0. 281 ***	1	
Superv	− 0. 001	0. 060 ***	0. 011	− 0. 426 ***	0. 598 ***	0. 179 ***	− 0. 072 ***	1

注：表中 ***、** 和 * 分别表示0.01、0.05 和 0.1 的显著性水平。
资料来源：CSMAR 数据库、同花顺数据库和迪博数据库。

3.4.3　内部控制对企业债务融资规模的影响

1. 内部控制对企业债务融资规模的影响的回归分析

表3-9和表3-10为模型（3.1）的回归结果，检验内部控制对企业债务融资规模的影响，分别为全样本企业、国有企业和非国有企业样本的回归结果。回归结果中用内部控制指数和内部控制信息披露指数衡量内部控制，全样本的企业内部控制与债务融资规模显著正相关，表明企业的内部控制水平越高，越能获得更大规模的债务融资，验证了假设1。国有企业内部控制

与债务融资规模不相关，非国有企业内部控制与债务融资规模显著正相关。
国有企业的融资在控制了其他变量之后，内部控制并不直接影响债务融资规
模，在我国，国有企业在债务融资时，有先天的优势，内部控制不是国有企
业是否获得融资的关键因素。

表 3 - 9　　　内部控制对企业债务融资规模的影响（内部控制指数）

变量	全样本	国有企业	非国有企业
	Debts	Debts	Debts
IC1	0. 00386 ***	0. 00225	0. 00662 ***
	（3. 279）	（1. 523）	（3. 732）
Sholder	0. 000257 ***	− 9. 91e − 05	0. 000565 ***
	（3. 459）	（ − 1. 001）	（5. 282）
Sale	4. 22e − 05 ***	0. 000130 ***	2. 99e − 05 **
	（3. 280）	（4. 194）	（2. 062）
Fcf	0. 0377 ***	0. 238 ***	− 0. 157 ***
	（2. 887）	（14. 80）	（ − 7. 845）
Eps	− 0. 00667 ***	− 0. 00763 ***	− 0. 00643 *
	（ − 3. 293）	（ − 3. 377）	（ − 1. 815）
Constant	− 0. 0172 **	− 0. 00426	− 0. 0361 ***
	（ − 2. 176）	（ − 0. 422）	（ − 3. 065）
Observations	10995	4426	6379
R-Squared	0. 004	0. 051	0. 017

　　注：表中数据为各自变量的回归系数，括号内的数字为 T 检验值，***、** 和 * 分别表示 0. 01、
0. 05 和 0. 1 的显著性水平。
　　资料来源：CSMAR 数据库、同花顺数据库和迪博数据库。

表 3 - 10　　内部控制对企业债务融资规模的影响（内部控制信息披露指数）

变量	全样本	国有企业	非国有企业
	Debts	Debts	Debts
IC2	0. 000341 **	0. 000265	0. 000454 **
	（2. 413）	（1. 422）	（2. 236）
Sholder	0. 000259 ***	− 9. 13e − 05	0. 000530 ***
	（3. 548）	（ − 0. 933）	（5. 057）
Sale	3. 29e − 05 **	0. 000139	3. 31e − 05 **
	（2. 424）	（1. 574）	（2. 303）

续表

变量	全样本	国有企业	非国有企业
	Debts	Debts	Debts
Fcf	0.0367 ***	0.239 ***	− 0.153 ***
	(2.861)	(14.98)	(− 7.884)
Eps	− 0.00491 **	− 0.00683 ***	− 0.00344
	(− 2.575)	(− 3.201)	(− 1.038)
Constant	− 0.00397	0.00169	− 0.00843
	(− 0.745)	(0.229)	(− 1.138)
Observations	11189	4445	6543
R-Squared	0.003	0.049	0.015

注：表中数据为各自变量的回归系数，括号内的数字为 T 检验值，*** 、** 和 * 分别表示0.01、0.05 和 0.1 的显著性水平。

资料来源：CSMAR 数据库、同花顺数据库和迪博数据库。

此外，控股股东持股比例越高，企业债务融资规模越大；企业成长性越好，债务融资规模越大；企业每股收益越高，债务融资规模越小，表明企业可能更多考虑从自身收益满足企业资金需求，而不是去进行债务融资。

2. 内部控制五要素对企业债务融资规模影响的回归分析

（1）内部环境对企业债务融资规模的影响。表 3 – 11 为模型（3.2）的回归结果，检验内部环境对企业债务融资规模的影响，分别为全样本企业、国有企业和非国有企业样本的回归结果。回归结果中全样本和国有企业内部环境与债务融资规模显著正相关，验证了假设2。表明企业的内部环境指数越高，越能获得更大规模的债务融资。非国有企业内部环境与债务融资规模关系不显著。

表 3 – 11　　　　　内部环境对企业债务融资规模的影响

变量	全样本	国有企业	非国有企业
	Debts	Debts	Debts
Envir	0.00104 ***	0.00171 ***	0.000418
	(4.210)	(4.975)	(1.241)
Sholder	0.000248 ***	− 9.84e − 05	0.000537 ***
	(3.394)	(− 1.008)	(5.120)

续表

变量	全样本	国有企业	非国有企业
	Debts	Debts	Debts
Sale	3.29e−05 **	0.000141	3.34e−05 **
	(2.429)	(1.592)	(2.322)
Fcf	0.0382 ***	0.238 ***	− 0.152 ***
	(2.975)	(14.93)	(−7.784)
Eps	− 0.00533 ***	− 0.00747 ***	− 0.00323
	(−2.793)	(−3.506)	(−0.971)
Constant	− 0.00147	− 0.00458	0.00233
	(−0.415)	(−0.891)	(0.488)
Observations	11189	4445	6543
R-Squared	0.004	0.054	0.015

注：表中数据为各自变量的回归系数，括号内的数字为 T 检验值，*** 、** 和 * 分别表示 0.01、0.05 和 0.1 的显著性水平。

资料来源：CSMAR 数据库、同花顺数据库和迪博数据库。

此外，控股股东持股比例越高，企业债务融资规模越大；企业成长性越好，债务融资规模越大；企业每股收益越高，债务融资规模越小，表明企业可能更多考虑从自身收益满足企业资金需求，而不是去进行债务融资。

（2）风险评估对企业债务融资规模的影响。表 3 – 12 为模型（3.2）的回归结果，检验风险评估水平对企业债务融资规模的影响，分别为全样本企业、国有企业和非国有企业样本的回归结果。回归结果中国有企业风险评估与债务融资规模显著负相关，与假设 2 不一致，表明国有企业风险评估水平越高，企业的相对融资规模越小，从而降低企业的债务风险。全样本和非国有企业风险评估与企业债务融资规模没有显著关系。

表 3 – 12　　　　　　　　　　风险评估对企业债务融资规模的影响

变量	全样本	国有企业	非国有企业
	Debts	Debts	Debts
Risk	− 0.000231	− 0.00110 *	0.000752
	(−0.537)	(−1.935)	(1.221)
Sholder	0.000269 ***	− 8.07e−05	0.000549 ***
	(3.689)	(−0.825)	(5.259)

续表

变量	全样本	国有企业	非国有企业
	Debts	Debts	Debts
Sale	3.30e−05 ** (2.435)	0.000136 (1.539)	3.36e−05 ** (2.333)
Fcf	0.0372 *** (2.900)	0.240 *** (15.02)	−0.154 *** (−7.914)
Eps	−0.00458 ** (−2.407)	−0.00686 *** (−3.216)	−0.00258 (−0.781)
Constant	0.00783 ** (2.167)	0.0153 *** (3.106)	0.00173 (0.341)
Observations	11189	4445	6543
R-Squared	0.003	0.049	0.015

注：表中数据为各自变量的回归系数，括号内的数字为 T 检验值，*** 、** 和 * 分别表示 0.01、0.05 和 0.1 的显著性水平。

资料来源：CSMAR 数据库、同花顺数据库和迪博数据库。

（3）控制活动对企业债务融资规模的影响。表 3 - 13 为模型（3.2）的回归结果，检验控制活动指数对企业债务融资规模的影响，分别为全样本企业、国有企业和非国有企业样本的回归结果。回归结果中企业控制活动与债务融资规模均不相关，与假设 2 不一致，表明企业债务融资时不受到控制活动影响。

表 3 - 13   **控制活动对企业债务融资规模的影响**

变量	全样本	国有企业	非国有企业
	Debts	Debts	Debts
Act	0.000287 (0.776)	4.39e−05 (0.0836)	0.000459 (0.914)
Sholder	0.000268 *** (3.662)	−8.82e−05 (−0.902)	0.000541 *** (5.168)
Sale	3.30e−05 ** (2.435)	0.000135 (1.521)	3.34e−05 ** (2.321)
Fcf	0.0370 *** (2.883)	0.239 *** (15.00)	−0.153 *** (−7.883)

续表

变量	全样本	国有企业	非国有企业
	Debts	Debts	Debts
Eps	−0.00463 **	−0.00670 ***	−0.00287
	(−2.433)	(−3.141)	(−0.870)
Constant	0.00453	0.00996 *	0.00199
	(1.109)	(1.735)	(0.359)
Observations	11189	4445	6543
R-Squared	0.003	0.048	0.015

注：表中数据为各自变量的回归系数，括号内的数字为 T 检验值，*** 、** 和 * 分别表示 0.01、0.05 和 0.1 的显著性水平。

资料来源：CSMAR 数据库、同花顺数据库和迪博数据库。

（4）信息与沟通对企业债务融资规模的影响。表 3 – 14 为模型（3.2）的回归结果，检验信息与沟通对企业债务融资规模的影响，分别为全样本企业、国有企业和非国有企业样本的回归结果。回归结果中信息与沟通显著影响企业的债务融资规模，验证了假设 2，信息与沟通是企业管理效率的体现，对企业的发展有关键作用，企业信息与沟通水平越高，越能获得更多债务融资。

表 3 – 14　　　　　　　　信息与沟通对企业债务融资规模的影响

变量	全样本	国有企业	非国有企业
	Debts	Debts	Debts
Infor	0.00531 ***	0.00591 ***	0.00380 ***
	(5.671)	(4.697)	(2.847)
Sholder	0.000255 ***	−8.41e−05	0.000520 ***
	(3.495)	(−0.862)	(4.965)
Sale	3.23e−05 **	0.000144	3.29e−05 **
	(2.386)	(1.630)	(2.288)
Fcf	0.0406 ***	0.241 ***	−0.149 ***
	(3.159)	(15.11)	(−7.635)
Eps	−0.00517 ***	−0.00694 ***	−0.00359
	(−2.717)	(−3.262)	(−1.084)

续表

变量	全样本	国有企业	非国有企业
	Debts	Debts	Debts
Constant	− 0.00444 （− 1.251）	− 0.00203 （− 0.412）	− 0.00226 （− 0.464）
Observations	11189	4445	6543
R-Squared	0.006	0.053	0.016

注：表中数据为各自变量的回归系数，括号内的数字为 T 检验值，***、** 和 * 分别表示0.01、0.05 和 0.1 的显著性水平。

资料来源：CSMAR 数据库、同花顺数据库和迪博数据库。

（5）内部监督对企业债务融资规模的影响。表3－15 为模型（3.2）的回归结果，检验内部监督对企业债务融资规模的影响，分别为全样本企业、国有企业和非国有企业样本的回归结果。回归结果中全样本和国有企业内部监督与债务融资规模显著负相关，与假设 2 不一致，表明内部监督越严格，对企业债务风险的要求越多，企业会在债务融资决策时越谨慎，债务融资规模越小。非国有企业内部监督与企业债务融资规模没有显著关系。

表 3 – 15　　　　　　　　内部监督对企业债务融资规模的影响

变量	全样本	国有企业	非国有企业
	Debts	Debts	Debts
Superv	− 0.000408 * （− 1.675）	− 0.000804 ** （− 2.414）	0.000164 （0.479）
Sholder	0.000269 *** （3.684）	− 8.95e−05 （− 0.916）	0.000549 *** （5.255）
Sale	3.32e−05 ** （2.444）	0.000128 （1.450）	3.34e−05 ** （2.321）
Fcf	0.0378 *** （2.942）	0.240 *** （15.05）	− 0.153 *** （− 7.878）
Eps	− 0.00455 ** （− 2.391）	− 0.00672 *** （− 3.155）	− 0.00268 （− 0.814）
Constant	0.0104 *** （2.821）	0.0181 *** （3.421）	0.00401 （0.797）
Observations	11189	4445	6543
R-Squared	0.003	0.050	0.015

注：表中数据为各自变量的回归系数，括号内的数字为 T 检验值，***、** 和 * 分别表示0.01、0.05 和 0.1 的显著性水平。

资料来源：CSMAR 数据库、同花顺数据库和迪博数据库。

3.4.4 内部控制对企业债务期限结构的影响

1. 内部控制对企业债务期限结构影响的回归分析

表 3 − 16 和表 3 − 17 为模型（3.3）的回归结果，检验内部控制对企业债务期限结构的影响，分别为全样本企业、国有企业和非国有企业样本的回归结果，债务期限结构分别用长期负债比例和长期借款比例表示。回归结果中用内部控制指数和内部控制信息披露指数衡量内部控制，总体上来看，企业内部控制与债务期限结构显著正相关，验证了假设 3，表明企业的内部控制水平越高，越能获得更大比例的长期债务。非国有企业中，内部控制与债务期限结构只有一个回归显著，表明非国有企业即使内部控制水平比较高时，在获得长期债务方面难度较大。

表 3 − 16　　内部控制对企业债务期限结构的影响（内部控制指数）

变量	全样本		国有企业		非国有企业	
	Debtm1	Debtm2	Debtm1	Debtm2	Debtm1	Debtm2
IC1	0.00530 ***	0.0140 ***	0.00615 **	0.0121 **	0.000671	0.0102 **
	(3.113)	(4.279)	(2.289)	(2.521)	(0.311)	(2.287)
Sholder	0.000574 ***	0.00182 ***	0.00113 ***	0.00225 ***	− 0.000574 ***	0.000242
	(5.358)	(8.832)	(6.363)	(7.247)	(− 4.395)	(0.876)
Sale	− 2.04e − 07	1.84e − 05	− 3.19e − 05	− 2.24e − 05	1.14e − 05	4.46e − 05
	(− 0.0116)	(0.452)	(− 0.553)	(− 0.222)	(0.694)	(1.074)
Fcf	0.00871	0.0143	0.0700 **	0.160 **	− 0.113 ***	− 0.163 ***
	(0.463)	(0.338)	(2.359)	(2.321)	(− 4.710)	(− 3.132)
Eps	− 0.0157 ***	0.0389 ***	− 0.0205 ***	0.0349 ***	− 0.00390	0.0293 ***
	(− 5.240)	(6.297)	(− 4.862)	(4.039)	(− 0.888)	(3.247)
Constant	0.127 ***	0.104 ***	0.143 ***	0.161 ***	0.167 ***	0.135 ***
	(11.14)	(4.728)	(7.781)	(4.900)	(11.68)	(4.539)
Observations	12758	10608	5316	4753	7166	5674
R-Squared	0.005	0.018	0.013	0.023	0.007	0.005

注：表中数据为各自变量的回归系数，括号内的数字为 T 检验值，***、** 和 * 分别表示 0.01、0.05 和 0.1 的显著性水平。

资料来源：CSMAR 数据库、同花顺数据库和迪博数据库。

表 3 - 17　内部控制对企业债务期限结构的影响（内部控制信息披露指数）

变量	全样本		国有企业		非国有企业	
	Debtm1	Debtm2	Debtm1	Debtm2	Debtm1	Debtm2
IC2	0.000416 **	0.000509	0.00129 ***	0.00194 ***	0.000136	− 0.000626
	(2.251)	(1.412)	(4.241)	(3.604)	(0.606)	(− 1.316)
Sholder	0.000547 ***	0.00186 ***	0.00121 ***	0.00241 ***	− 0.000610 ***	0.000279
	(5.300)	(9.209)	(6.918)	(7.830)	(− 4.932)	(1.041)
Sale	9.73e−07	1.29e−05	− 5.46e−05	− 5.27e−05	1.10e−05	3.71e−05
	(0.0535)	(0.295)	(− 0.563)	(− 0.282)	(0.680)	(0.891)
Fcf	0.0384 **	0.0752 *	0.0711 **	0.174 **	− 0.0586 ***	− 0.0820
	(2.114)	(1.836)	(2.417)	(2.547)	(− 2.590)	(− 1.643)
Eps	− 0.0182 ***	0.0402 ***	− 0.0195 ***	0.0392 ***	− 0.0113 ***	0.0290 ***
	(− 6.612)	(7.036)	(− 4.920)	(4.871)	(− 2.884)	(3.514)
Constant	0.146 ***	0.173 ***	0.139 ***	0.172 ***	0.166 ***	0.215 ***
	(20.83)	(12.61)	(11.53)	(8.038)	(20.17)	(12.28)
Observations	13507	11060	5402	4814	7812	6053
R-Squared	0.005	0.015	0.016	0.025	0.006	0.003

注：表中数据为各自变量的回归系数，括号内的数字为 T 检验值，*** 、** 和 * 分别表示0.01、0.05 和 0.1 的显著性水平。

资料来源：CSMAR 数据库、同花顺数据库和迪博数据库。

此外，控股股东持股比例越高，全样本和国有企业内部控制与债务期限结构显著正相关，非国有企业内部控制与债务期限结构显著负相关，表示非国有企业的股东越集中为非国有股东，企业长期债务融资越少。总体分析，所有样本企业每股收益越高，长期债务比例越低，长期借款比例越高，表明企业虽然可以获得更多长期债务，但因为经营效益好，会选择融资成本更低的短期债务。

2. 内部控制五要素对企业债务期限结构影响的回归分析

（1）内部环境对企业债务期限结构的影响。表 3 - 18 为模型（3.4）的回归结果，检验内部环境对企业债务期限结构的影响，分别为全样本企业、国有企业和非国有企业样本的回归结果，债务期限结构分别用长期负债比例和长期借款比例表示。结果显示，内部环境指数与长期负债比例显著负相关，与长期借款比例显著正相关，即内部环境指数越高，企业长期借款在总借款中的比例增加，但是长期债务在总债务中的比例下降，表明企业内部控制水平越高，企业融资越谨慎，债务融资比例降低，且多数债务融资为长期债务融资。但其中非国有企业内部环境与长期借款比例关系不显著，且内部环境指数越高，企业长期借款在总债务中的比例下降，表明在内部环境比较好时，企业可能会降低长期债务融资比例，选择融资成本低的短期债务。

表 3 - 18　　　　　　　　　　内部环境对企业债务期限结构的影响

变量	全样本		国有企业		非国有企业	
	Debtm1	Debtm2	Debtm1	Debtm2	Debtm1	Debtm2
Envir	- 0.000966 *** (- 2.782)	0.00155 ** (2.260)	- 0.000110 (- 0.176)	0.00244 ** (2.203)	- 0.00186 *** (- 4.736)	- 0.000569 (- 0.673)
Sholder	0.000578 *** (5.590)	0.00184 *** (9.134)	0.00123 *** (7.019)	0.00241 *** (7.824)	- 0.000561 *** (- 4.543)	0.000264 (0.986)
Sale	7.28e-07 (0.0400)	1.22e-05 (0.280)	- 7.10e-05 (- 0.733)	- 7.54e-05 (- 0.403)	1.11e-05 (0.687)	3.82e-05 (0.916)
Fcf	0.0367 ** (2.019)	0.0790 * (1.928)	0.0719 ** (2.438)	0.174 ** (2.541)	- 0.0654 *** (- 2.886)	- 0.0851 * (- 1.702)
Eps	- 0.0170 *** (- 6.155)	0.0392 *** (6.839)	- 0.0190 *** (- 4.759)	0.0387 *** (4.786)	- 0.00848 ** (- 2.157)	0.0289 *** (3.484)
Constant	0.167 *** (32.62)	0.175 *** (17.54)	0.180 *** (19.16)	0.211 *** (12.68)	0.184 *** (32.18)	0.201 *** (16.39)
Observations	13507	11060	5402	4814	7812	6053
R-Squared	0.005	0.015	0.013	0.024	0.009	0.003

注：表中数据为各自变量的回归系数，括号内的数字为 T 检验值，*** 、 ** 和 * 分别表示 0.01、0.05 和 0.1 的显著性水平。

资料来源：CSMAR 数据库、同花顺数据库和迪博数据库。

（2）风险评估对企业债务期限结构的影响。表 3 - 19 为模型（3.4）的回归结果，检验风险评估对企业债务期限结构的影响，分别为全样本企业、国有企业和非国有企业样本的回归结果，债务期限结构分别用长期负债比例和长期借款比例表示。结果显示，风险评估与债务期限结构显著正相关，验证了假设 4。从企业方面分析，企业风险评估水平越高，风险管理能力越强，越可以多采用长期债务融资。从银行角度分析，企业风险评估水平工作越严格，银行在审批企业借款时，更容易通过审核获批，企业风险水平是银行的重点考虑因素，若企业风险管理水平高，银行会通过其长期借款申请。

表 3 – 19　　　　　　　　风险评估对企业债务期限结构的影响

变量	全样本		国有企业		非国有企业	
	Debtm1	Debtm2	Debtm1	Debtm2	Debtm1	Debtm2
Risk	0.00351 ***	0.000878	0.00588 ***	0.00639 ***	0.00348 ***	– 0.00141
	(6.064)	(0.784)	(6.124)	(3.781)	(5.029)	(– 0.963)
Sholder	0.000555 ***	0.00187 ***	0.00119 ***	0.00239 ***	– 0.000608 ***	0.000255
	(5.389)	(9.277)	(6.813)	(7.790)	(– 4.942)	(0.956)
Sale	1.81e – 06	1.20e – 05	– 5.74e – 05	– 5.10e – 05	1.19e – 05	3.80e – 05
	(0.0996)	(0.275)	(– 0.594)	(– 0.273)	(0.734)	(0.912)
Fcf	0.0359 **	0.0742 *	0.0736 **	0.173 **	– 0.0649 ***	– 0.0795
	(1.980)	(1.810)	(2.505)	(2.524)	(– 2.866)	(– 1.590)
Eps	– 0.0172 ***	0.0409 ***	– 0.0180 ***	0.0418 ***	– 0.00994 **	0.0279 ***
	(– 6.251)	(7.167)	(– 4.538)	(5.196)	(– 2.550)	(3.383)
Constant	0.143 ***	0.184 ***	0.155 ***	0.206 ***	0.154 ***	0.202 ***
	(29.34)	(19.29)	(18.43)	(13.74)	(27.02)	(16.69)
Observations	13507	11060	5402	4814	7812	6053
R-Squared	0.008	0.015	0.020	0.026	0.009	0.003

　　注：表中数据为各自变量的回归系数，括号内的数字为 T 检验值，***、** 和 * 分别表示0.01、0.05 和 0.1 的显著性水平。

　　资料来源：CSMAR 数据库、同花顺数据库和迪博数据库。

　　（3）控制活动对企业债务期限结构的影响。表 3 – 20 为模型（3.4）的回归结果，检验控制活动对企业债务期限结构的影响，分别为全样本企业、国有企业和非国有企业样本的回归结果，债务期限结构分别用长期负债比例和长期借款比例表示。结果显示，在全样本和非国有样本中，控制活动指数与长期债务期限结构显著负相关。控制活动指数越高，一方面，表明企业的管理水平和管理效率越高，企业的长期债务比率越低，可以降低融资成本，企业资金需求可能大部分来自自身资金或短期债务；另一方面，企业各方面控制越多，融资决策谨慎，谨防债务风险，从而降低长期债务融资。

表3-20　　　　　　　　控制活动对企业债务期限结构的影响

变量	全样本		国有企业		非国有企业	
	Debtm1	Debtm2	Debtm1	Debtm2	Debtm1	Debtm2
Act	-0.00240 ***	-0.00350 ***	0.000541	0.00180	-0.00124 **	-0.00285 **
	(-4.640)	(-3.424)	(0.579)	(1.077)	(-2.099)	(-2.266)
Sholder	0.000576 ***	0.00189 ***	0.00123 ***	0.00242 ***	-0.000583 ***	0.000297
	(5.587)	(9.370)	(7.010)	(7.883)	(-4.716)	(1.111)
Sale	1.56e-07	1.00e-05	-6.93e-05	-7.31e-05	1.08e-05	3.69e-05
	(0.00861)	(0.230)	(-0.714)	(-0.391)	(0.665)	(0.886)
Fcf	0.0382 **	0.0747 *	0.0719 **	0.174 **	-0.0576 **	-0.0813
	(2.104)	(1.825)	(2.441)	(2.545)	(-2.545)	(-1.629)
Eps	-0.0174 ***	0.0415 ***	-0.0191 ***	0.0402 ***	-0.0108 ***	0.0289 ***
	(-6.301)	(7.285)	(-4.806)	(4.988)	(-2.765)	(3.510)
Constant	0.176 ***	0.214 ***	0.175 ***	0.220 ***	0.179 ***	0.217 ***
	(31.04)	(19.23)	(17.33)	(12.24)	(27.73)	(15.84)
Observations	13507	11060	5402	4814	7812	6053
R-Squared	0.007	0.016	0.013	0.023	0.007	0.003

注：表中数据为各自变量的回归系数，括号内的数字为T检验值，*** 、** 和 * 分别表示0.01、0.05 和 0.1 的显著性水平。
资料来源：CSMAR 数据库、同花顺数据库和迪博数据库。

在国有企业中控制活动与债务期限结构关系不显著，表明在国有企业中，内控活动指数并不对债务期限结构产生影响。

（4）信息与沟通对企业债务期限结构的影响。表3-21 为模型（3.4）的回归结果，检验信息与沟通对企业债务期限结构的影响，分别为全样本企业、国有企业和非国有企业样本的回归结果，债务期限结构分别用长期负债比例和长期借款比例表示。结果显示，在全样本和非国有企业中，信息与沟通指数与长期负债比例显著负相关，表明企业可能因管理水平和管理效率越高，企业的长期债务比率越低，可以降低融资成本，企业资金需求可能大部分来自自身资金或短期债务。在国有企业中，信息与沟通越好，长期借款比例越高。

表 3 - 21　　　　　　　　　　信息与沟通对企业债务期限结构的影响

变量	全样本		国有企业		非国有企业	
	Debtm1	Debtm2	Debtm1	Debtm2	Debtm1	Debtm2
Infor	- 0.00466 ***	- 0.00244	0.00250	0.00637 *	- 0.00252 *	- 0.000576
	(- 3.673)	(- 0.976)	(1.166)	(1.666)	(- 1.662)	(- 0.177)
Sholder	0.000572 ***	0.00188 ***	0.00123 ***	0.00243 ***	- 0.000587 ***	0.000256
	(5.549)	(9.301)	(7.013)	(7.888)	(- 4.743)	(0.956)
Sale	4.83e - 07	1.13e - 05	- 6.81e - 05	- 6.93e - 05	1.10e - 05	3.83e - 05
	(0.0266)	(0.259)	(- 0.702)	(- 0.370)	(0.675)	(0.919)
Fcf	0.0351 *	0.0730 *	0.0722 **	0.177 ***	- 0.0608 ***	- 0.0835 *
	(1.932)	(1.778)	(2.449)	(2.586)	(- 2.681)	(- 1.669)
Eps	- 0.0172 ***	0.0411 ***	- 0.0192 ***	0.0398 ***	- 0.0105 ***	0.0283 ***
	(- 6.254)	(7.195)	(- 4.824)	(4.928)	(- 2.686)	(3.430)
Constant	0.168 ***	0.193 ***	0.174 ***	0.220 ***	0.175 ***	0.197 ***
	(33.91)	(19.84)	(19.99)	(14.21)	(30.62)	(16.16)
Observations	13507	11060	5402	4814	7812	6053
R-Squared	0.006	0.015	0.013	0.023	0.007	0.003

注：表中数据为各自变量的回归系数，括号内的数字为 T 检验值，***、** 和 * 分别表示 0.01、0.05 和 0.1 的显著性水平。

资料来源：CSMAR 数据库、同花顺数据库和迪博数据库。

（5）内部监督对企业债务期限结构的影响。表 3 - 22 为模型（3.4）的回归结果，检验内部监督对企业债务期限结构的影响，分别为全样本企业、国有企业和非国有企业样本的回归结果，债务期限结构分别用长期负债比例和长期借款比例表示。结果显示，内部监督与债务期限结构显著正相关，与假设 4 一致。从企业方面分析，企业内部监督水平越高，出现风险或各方面问题的可能性越小，越可以多采用长期债务融资。从银行角度分析，企业内部监督工作越严格，银行在审批企业借款时，更容易通过审核获批长期借款。

表 3 - 22　　　　　　　　　内部监督对企业债务期限结构的影响

变量	全样本		国有企业		非国有企业	
	Debtm1	Debtm2	Debtm1	Debtm2	Debtm1	Debtm2
Superv	0.00253 ***	0.00163 **	0.00223 ***	0.00145	0.00201 ***	0.000406
	(7.400)	(2.445)	(3.872)	(1.414)	(4.945)	(0.472)

续表

变量	全样本		国有企业		非国有企业	
	Debtm1	Debtm2	Debtm1	Debtm2	Debtm1	Debtm2
Sholder	0.000561 ***	0.00187 ***	0.00123 ***	0.00243 ***	− 0.000600 ***	0.000253
	(5.447)	(9.284)	(7.062)	(7.908)	(− 4.874)	(0.948)
Sale	1.08e −06	1.34e −05	− 5.86e −05	− 6.85e −05	1.08e −05	3.87e −05
	(0.0598)	(0.307)	(− 0.604)	(− 0.366)	(0.668)	(0.928)
Fcf	0.0336 *	0.0713 *	0.0712 **	0.173 **	− 0.0648 ***	− 0.0843 *
	(1.851)	(1.738)	(2.419)	(2.518)	(− 2.863)	(− 1.686)
Eps	− 0.0174 ***	0.0409 ***	− 0.0187 ***	0.0408 ***	− 0.0104 ***	0.0283 ***
	(− 6.336)	(7.183)	(− 4.707)	(5.069)	(− 2.665)	(3.435)
Constant	0.138 ***	0.175 ***	0.159 ***	0.220 ***	0.154 ***	0.193 ***
	(27.25)	(17.62)	(17.52)	(13.59)	(26.44)	(15.59)
Observations	13507	11060	5402	4814	7812	6053
R-Squared	0.009	0.015	0.016	0.023	0.009	0.003

注：表中数据为各自变量的回归系数，括号内的数字为 T 检验值，*** 、** 和 * 分别表示0.01、0.05 和 0.1 的显著性水平。

资料来源：CSMAR 数据库、同花顺数据库和迪博数据库。

3.5 本章小结

选取 2010 ~ 2015 年的公司为样本，本章研究了内部控制对企业债务融资的影响，包括对债务融资规模和债务期限结构的影响，首先对相关变量进行了描述性分析，接下来进行了相关性分析，最后是回归分析。具体研究结果如下：

（1）内部控制对债务融资的影响。内部控制对企业债务融资规模的研究结果表明，全样本的企业内部控制与债务融资规模显著正相关，表明企业的内部控制水平越高，越能获得更大规模的债务融资。国有企业内部控制与债务融资规模不相关，非国有企业内部控制与债务融资规模显著正相关。国有企业的融资在控制了其他变量之后，内部控制并不直接影响债务融资规模，在我国，国有企业在债务融资时，有先天的优势，内部控制不是国有企业是否获得融资的关键因素。

内部控制对企业债务期限结构的研究结果表明，总体上来看，企业内部控制与债务期限结构显著正相关，表明企业的内部控制水平越高，越能获得更大比例的长期债务。非国有企业中，内部控制与债务期限结构只有一个回归显著，表明非国有企业即使内部控制水平比较高时，在获得长期债务方面难度也比较大。

（2）内部控制五要素对债务融资的影响。内部控制五要素对债务融资规模的研究结果表明，第一，内部环境方面，全样本和国有企业内部环境与债务融资规模显著正相关，表明企业的内部环境指数越高，越能获得更大规模的债务融资。非国有企业内部环境与债务融资规模关系不显著。第二，风险评估方面，国有企业风险评估与债务融资规模显著负相关，表明国有企业风险评估水平越高，企业的相对融资规模越小，从而降低企业的债务风险。全样本和非国有企业风险评估与企业债务融资规模没有显著关系。第三，控制活动方面，企业控制活动与债务融资规模均不相关，表明企业债务融资时不受到控制活动影响。第四，信息与沟通方面，信息与沟通显著影响企业的债务融资规模，信息与沟通是企业管理效率的体现，对企业的发展有关键作用，企业信息与沟通水平越高，越能获得更多债务融资。第五，内部监督方面，全样本和国有企业内部监督与债务融资规模显著负相关，表明内部监督越严格，对企业债务风险的要求越多，企业会在债务融资决策时越谨慎，债务融资规模越小。非国有企业内部监督与企业债务融资规模没有显著关系。

内部控制五要素对企业债务期限结构的研究结果表明，第一，内部环境方面，内部环境指数与长期负债比例显著负相关，与长期借款比例显著正相关，即内部环境指数越高，企业长期借款在总借款中的比例增加，但是长期债务在总债务中的比例下降，表明企业内部控制水平越高，企业融资越谨慎，债务融资比例降低，且多数债务融资为长期债务融资。但其中非国有企业内部环境与长期借款比例关系不显著，且内部环境指数越高，企业长期借款在总债务中的比例下降，表明在内部环境比较好时，企业可能会降低长期债务融资比例，选择融资成本低的短期债务。第二，风险评估方面，风险评估与债务期限结构显著正相关，从企业方面分析，企业风险评估水平越高，风险管理能力越强，越可以多采用长期债务融资。从银行角度分析，企业风险评估水平工作越严格，银行在审批企业借款时，更容易通过审核获批，企业风险水平是银行的重点考虑因素，若企业风险管理水平高，银行会通过其长期借款申请。第三，控制活动方面，在全样本和非国有样本中，控制活动指数与长期债务期限结构显著负相关。控制活动指数越高，一方面，表明企业的管理水平和管理效率越高，企业的长期债务比率越低，可以降低融资成本，企业资金需求可能大部分来自自身资金或短期债务；另一方面，企业各方面控制越多，融资决策谨慎，谨防债务风险，从而降低长期债务融资。在国有企业中控制活动与债务期限结构关系不显著，表明在国有企业中，内控活动指数并不对债务期限结构产生影响。第四，信息与沟通方面，在全样本和非国有企业中，信息与沟通指数与长期负债比例显著负相关，表明企业可能因管理水平和管理效率越高，企业的长期债务比率越低，可以降低融资成本，企业资金需求可能大部分来自自身资金或短期债务。在国有企业中，信息与沟通越好，长期借款比例越高。第五，内部监督方面，内部监督与债务期限结构显著正相关，从企业方面分析，企业内部监督水平越高，出现风险或各方面问题的可能性越小，越可以多采用长期债务融资。从银行角度分析，企业内部监督工作越严格，银行在审批企业借款时，更容易通过审核获批长期借款。

第4章 内部控制对股权融资的影响研究

4.1 引 言

内部控制在企业中的重要作用日益凸显，企业内部控制水平越高，企业的价值越大（王爱群等，2015）。内部控制水平的提高，能够给股东带来更多收益，改善公司的代理问题，减少公司的非效率投资（张超等，2015）。企业高质量的内部控制也是企业向资本市场传递的信号，降低投资者和企业之间的信息不对称，提高财务决策效率。在我国，资本市场股权融资是上市公司融资的重要方式，有效的内部控制可以降低企业的股权融资成本（王敏等，2011）。

企业股权融资主要包括 IPO 融资和股权再融资，股权再融资细分为配股、公开增发和定向增发融资，这些均是企业上市在资本市场的主要股权融资形式。目前上市公司的这几种股权融资方式，都是采用审核制，即企业确定融资方案后，最后要通过证监会审核，才可以进行融资，而企业的内部控制水平是审核中关注的重要内容，在《首次公开发行股票并上市管理办法（2015年11月6日修订）》中要求"第十七条发行人的内部控制制度健全且被有效执行，能够合理保证财务报告的可靠性、生产经营的合法性、营运的效率与效果""第二十二条发行人的内部控制在所有重大方面是有效的，并由注册会计师出具了无保留结论的内部控制鉴证报告"。

从理论和实务方面，探讨内部控制对企业股权融资的影响有重要意义，本章将研究内部控制对企业股权融资的影响，探讨内部控制对股权融资总体规模的影响后，股权融资将细分为 IPO 融资、配股、公开增发和定向增发融资分别研究。考虑我国股权融资采用审核制，审核部门为国家政府部门，国有企业在股权融资方面有较大的优势，在分析总体样本之后，将分为国有企业和非国有企业研究内部控制对股权融资的影响。

本章的主要贡献为：将股权融资细分为 IPO 融资、配股、公开增发和定向增发融资，这几种股权融资形式从企业选择融资开始到融资完成整个过程均有差异，分别研究内部控制对每种股权融资的影响，可以丰富内部控制经济后果和股权融资研究的文献。

本章其余部分的结构安排如下：4.2 是文献回顾及研究假设；4.3 是数据来源及研究设计；4.4 是实证检验结果，分为内部控制对企业股权融资规模、IPO 融资、配股融资规模、公开增发融资规模和定向增发融资规模的影响；4.5 是本章小结。

4.2　文献回顾及研究假设

已有文献中主要研究内部控制对股权融资成本的影响，奥涅瓦等（Ogneva et al.，2007）研究表明如果企业披露内部控制缺陷，会增加资本成本。而贝奈施等（Beneish et al.，2008）指出内部控制缺陷披露和资本成本没有显著关系。王敏等（2011）对内部控制质量与权益资本成本关系的文献进行了梳理和点评，认为内部控制质量对权益资本成本的影响，一方面是从信息风险角度，内部控制影响权益资本成本；另一方面是从商业风险角度，权益资本成本将受到内部控制质量的影响。张然等（2012）指出企业披露内部控制自我评价和鉴证报告，向市场传递了内部控制有效的信号，有助于降低企业资本成本。闫志刚（2013）构建了内部控制指数衡量内部控制质量，对内部控制质量对股权资本成本影响进行了实证分析，结果表明内部控制越好，股权资本成本越低，信息风险、经营风险和系统风险起中介作用。施继坤（2014）研究了自愿性内部控制审计披露对权益资本成本的影响，认为上市公司自愿披露正面意见的内控审计报告，传递了积极信息给市场，使得权益资本成本降低。龙姣（2014）构建了内部控制信息质量评价体系，分析了内部控制信息披露对融资成本的影响，研究得出内部控制质量向市场传递了信号，内控水平越高，表明企业经营情况越好，有利于降低股权融资成本。

张月（2016）认为企业披露无保留意见的内部控制审计意见，投资者会认为企业内部控制水平较高，有利于降低企业在资本市场上的融资成本。王砚（2016）认为企业内部控制质量越好，权益资本成本越低，具体探讨作用机理时，认为财务报告信息质量为二者关系的中介变量。温国林（2017）探讨内部控制缺陷披露与权益资本成本的关系，内部控制缺陷的披露会使权益资本成本增加，披露内部环境、风险评估、信息与沟通的缺陷，也增加权益资本成本。丁卓君（2017）指出内部控制质量越高，有利于投资者对企业的预期更加合理准确，降低对企业要求的报酬率，企业风险会降低，进而企业的权益资本成本减少，吴益兵（2009）、孙文娟（2011）、程智荣（2011）也对内部控制对股权成本的影响进行了研究。

较少学者研究了内部控制与股权融资偏好的关系，陆正飞等（2003）通过问卷调查分析，发现中国上市公司的融资行为最突出的是股权融资偏好。孟媛（2016）选取 A 股上市公司为研究对象，构建了内部控制评价体系，分析企业内部控制水平和股权融资概率负相关。企业内部控制水平越高，越可以降低企业代理问题，完善企业融资结构。

内部控制能够降低企业股权成本，我国上市公司偏好股权融资，对于企业来说，股权融资风险相对较小，若企业内部控制水平较高，能够顺利通过证监会审核，企业将会获得比较大的股权融资规模。公司上市的市场表现主要是投资者对企业的经营和发展的预期与判断，企业内部控制涉及企业管理的方方面面，有效的内部控制向市场传递企业经营良好的积极信号，直接影响企业首发上市的市场表现。所以提出以下假设：

假设 1：内部控制水平高的公司获得股权融资金额更大。

假设 2：内部环境、风险评估、控制活动、信息与沟通、内部监督与股权融资规模正相关。

假设 3：内部控制水平高的公司 IPO 短期市场表现更好。

假设 4：内部环境、风险评估、控制活动、信息与沟通、内部监督与 IPO 短期市场正相关。

4.3　数据来源及研究设计

4.3.1　样本选取

《企业内部控制基本规范》2009 年 7 月开始开始实施，为保持样本数据和内部控制要求的一致性，故选取样本区间为 2010～2015 年，选取全部 A 股公司，样本筛选如下：（1）剔除金融业样本；（2）删除财务指标数据不全样本；（3）剔除 ST 公司。其中，财务数据选自 CSMAR 数据库和同花顺数据库，内部控制指数、内部控制信息披露指数、内部环境、风险评估、控制活动、信息与沟通、内部监督等来自迪博数据库。

4.3.2　变量界定与模型设计

1. 被解释变量

（1）股权融资规模。股权融资规模主要衡量企业获得的股权融资数额，用两个指标来衡量，第一个指标是首发募集资金总额、配股募集资金总额、公开增发募集资金总额和定向增发募集资金总额之和的对数来衡量。第二个指标是首发募集资金总额、配股募集资金总额、公开增发募集资金总额和定向增发募集资金总额之和，再除以总资产，消除企业规模的影响。

（2）IPO 融资规模。IPO 融资规模主要衡量企业获得的 IPO 融资数额，用两个指标来衡量，第一个指标是 IPO 募集资金总额的对数来衡量。第二个指标是 IPO 募集资金总额除以总资产，消除企业规模的影响。

（3）IPO 市场反应。IPO 市场反应主要衡量企业 IPO 股市市场表现。用首发市盈率、上市首日涨跌幅两个变量衡量。

（4）配股融资规模。配股融资规模主要衡量企业获得的配股融资数额，用两个指标来衡量，第一个指标是配股募集资金总额的对数来衡量。第二个指标是配股募集资金总额除以总资产，消除企业规模的影响。

（5）公开增发融资规模。公开增发融资规模主要衡量企业获得的公开增发融资数额，用两个指标来衡量，第一个指标是公开增发募集资金总额的对数来衡量。第二个指标是公开增发募集资金总额除以总资产，消除企业规模的影响。

（6）定向增发融资规模。定向增发融资规模主要衡量企业获得的定向增发融资数额，用两个指标来衡量，第一个指标是定向增发募集资金总额的对数来衡量。第二个指标是定向增发募集资金总额除以总资产，消除企业规模的影响。

2. 解释变量

（1）内部控制。内部控制衡量一个企业内部控制水平的高低，借鉴已有文献逯东等（2014）、林斌等（2015），本书使用的数据来自迪博公司。选用内部控制指数和内部控制信息披露指数两个变量衡量内部控制。

● 内部控制指数是迪博公司基于内部控制五大目标设计的衡量指数，反映企业的内部控制水平，自 2011 年开始发布，对 2000 年以来上市公司历年的内部控制水平进行了衡量。借鉴相关学者的已有研究，在标准化方面采用了内部控制指数除以 100 的方式。

● 内部控制信息披露指数。内部控制信息披露指数是迪博公司根据上市公司披露的年报和内部控制评价报告，开发设计的衡量内部控制信息披露状况的指数。

指数衡量自 2007 年以来的上市公司信息披露情况，包含一级指标、二级指标和三级指标三个层次。

（2）内部控制五要素指数。内部控制包括内部环境、风险评估、控制活动、信息与沟通、内部监督五要素。本书采用迪博公司的内部控制五要素衡量。

● 内部环境，按照迪博公司的内部控制评价体系，计算内部环境相关指标的得分，取值在 0 ~ 24 之间。

● 风险评估，按照迪博公司的评价体系，风险评估相关指标的评分进行计算得出，取值在 0 ~ 11 之间。

● 控制活动，按照迪博公司的评价体系，控制活动相关指标的评分进行计算得出，取值在 0 ~ 14 之间。

● 信息与沟通，按照迪博公司的评价体系，信息与沟通相关指标的评分进行计算得出，取值在 0 ~ 6 之间。

● 内部监督，按照迪博公司的评价体系，内部监督相关指标的评分进行计算得出，取值在 0 ~ 16 之间。

3. 控制变量

在进行研究时，除解释变量外，仍存在一些因素会影响回归结果，在分析时需要对这些因素进行控制。本书选用了如下控制变量：控股股东持股比例代表公司治理因素，主营业务收入增长率衡量企业的成长机会；自由现金流变量，控制企业现金对债务融资的影响；每股收益用来表示企业的盈利能力。

具体变量名称及计算如表 4 – 1 所示。

表 4 – 1　　　　　　　　　　　　主要变量定义

变量	变量名称	变量定义
Equitym	总股权融资规模	Equitym1，首发募集资金总额、配股募集资金总额、公开增发募集资金总额和定向增发募集资金总额之和的对数 Equitym2，（首发募集资金总额 + 配股募集资金总额 + 公开增发募集资金总额 + 定向增发募集资金总额）/总资产
IPOm	IPO 融资规模	IPO1，IPO 募集资金总额的对数 IPO2，IPO 募集资金总额/总资产
Syl	IPO 市场表现	首发市盈率
One	IPO 市场表现	上市首日涨跌幅
Pggm	配股融资规模	Pggm1，配股募集资金总额的对数 Pggm2，配股募集资金总额/总资产
Public	公开增发融资规模	Public1，公开增发募集资金总额的对数 Public2，公开增发募集资金总额/总资产
Private	定向增发融资规模	Private1，定向增发募集资金总额的对数 Private2，定向增发募集资金总额/总资产
IC	内部控制	IC1，内部控制指数，表示企业内部控制的情况，采用"迪博·中国上市公司内部控制指数"除以 100 予以标准化 IC2，内部控制信息披露指数，衡量上市公司内部控制的信息披露状况

续表

变量	变量名称	变量定义
Envir	内部环境	上市公司内部环境指标的得分，数据来自迪博·中国上市公司内部控制信息披露指数库
Risk	风险评估	上市公司风险评估指标的得分，数据来自迪博·中国上市公司内部控制信息披露指数库
Act	控制活动	上市公司控制活动指标的得分，数据来自迪博·中国上市公司内部控制信息披露指数库
Infor	信息与沟通	上市公司信息与沟通指标的得分，数据来自迪博·中国上市公司内部控制信息披露指数库
Superv	内部监督	上市公司内部监督指标的得分，数据来自迪博·中国上市公司内部控制信息披露指数库
Sholder	控股股东持股比例	直接控股股东的持股比例
Sale	主营业务收入增长率	表示企业的成长机会，（本年主营业务收入 – 上年主营业务收入）/上年主营业务收入
Fcf	自由现金流变量	经营活动现金流量/总资产
Eps	每股收益	等于净利润/股东权益平均余额，股东权益平均余额 =（股东权益期末余额 + 股东权益期初余额）/2
Qyxz	企业性质	若企业为国有企业取 1，为非国有企业取 0

4. 模型设计

模型（4.1）检验内部控制对企业股权融资规模的影响，如下所示：

$$Equity = \alpha_0 + \alpha_1 IC + \alpha_2 Sholder + \alpha_3 Sale + \alpha_4 Fcf + \alpha_5 Eps + \varepsilon \qquad (4.1)$$

其中，IC 表示内部控制指数，IC1 为内部控制指数，IC2 为内部控制信息披露指数。Equity 为股权融资规模，分别替代 Equitym、IPO、Pggm、Public、Private，其他变量含义如表 4 – 1 所示。

模型（4.2）检验内部控制五要素分别对企业股权融资规模的影响，如下所示：

$$Equity = \alpha_0 + \alpha_1 FACT + \alpha_2 Sholder + \alpha_3 Sale + \alpha_4 Fcf + \alpha_5 Eps + \varepsilon \qquad (4.2)$$

其中，FACT 表示内部控制五要素指数，代替变量 Envir、Risk、Act、Infor、Superv 分别表示内部环境、风险评估、控制活动、信息与沟通、内部监督。Equity 为股权融资规模，分别替代 Equitym、IPO、Pggm、Public、Private。其他变量含义如表 4 – 1 所示。

模型（4.3）检验内部控制对 IPO 市场表现的影响，如下所示：

$$IPOs = \alpha_0 + \alpha_1 IC + \alpha_2 Sholder + \alpha_3 Sale + \alpha_4 Fcf + \alpha_5 Eps + \varepsilon \qquad (4.3)$$

其中，IC 表示内部控制指数，IC1 为内部控制指数，IC2 为内部控制信息披露指数。IPOs 为 IPO 市场表现，分别替代首发市盈率（Syl）和上市首日涨跌幅（One），其他变量含义如表 4 - 1 所示。

模型（4.4）检验内部控制五要素分别对 IPO 市场表现的影响，如下所示：

$$IPOs = \alpha_0 + \alpha_1 FACT + \alpha_2 Sholder + \alpha_3 Sale + \alpha_4 Fcf + \alpha_5 Eps + \varepsilon \qquad (4.4)$$

其中，FACT 表示内部控制五要素指数，代替变量 Envir、Risk、Act、Infor、Superv 分别表示内部环境、风险评估、控制活动、信息与沟通、内部监督。IPOs 为 IPO 市场表现，分别替代首发市盈率（Syl）和上市首日涨跌幅（One），其他变量含义如表 4 - 1 所示。

4.4　实证检验结果

4.4.1　内部控制对企业股权融资规模的影响

（1）描述性统计分析。表 4 - 2 描述性统计结果显示，股权融资金额的对数平均为 16.420，股权融资金额平均占总资产的 0.0986，最大值与最小值差异很大；内部控制指数平均为 6.637，内控制信息披露指数平均为 31.810。内部控制五要素的最大值和最小值均基本和取值范围一样，表明企业的内部控制五要素有比较大的差异。控股股东持股比例平均为 37.420%，表明企业持股较集中。

表 4 - 2　　　　　内部控制与企业股权融资规模描述性统计结果

变量	样本数	平均值	标准差	最小值	最大值
Equitym1	2624	16.420	4.775	8.261	24.550
Equitym2	2623	0.0986	0.145	6.63e - 07	2.877
IC1	12968	6.637	1.047	0	9.954
IC2	14331	31.810	8.614	0	59
Envir	14331	9.406	4.625	0	24

续表

变量	样本数	平均值	标准差	最小值	最大值
Risk	14331	4. 302	2. 736	0	10. 520
Act	14331	7. 743	3. 054	0	14
Infor	14331	2. 221	1. 260	0	5. 950
Superv	14331	8. 136	4. 620	0	16
Sholder	14761	37. 420	15. 73	0. 600	99. 320
Qyxz	14339	0. 396	0. 489	0	1

资料来源：CSMAR 数据库、同花顺数据库和迪博数据库。

（2）相关性分析。对内部控制与企业股权融资规模的相关性分析如表 4-3 所示，结果显示内部控制与企业股权融资金额为显著正相关关系，内部控制水平越高，企业获得的股权融资金额越大，内部控制与股权融资比例显著负相关，表明企业在内部控制水平较高时，虽然能够获得更多融资规模，但占总资产的比例变小，融资决策变得更加谨慎，严格控制股权融资金额占总资产的比例。

表 4-3　　　　内部控制与企业股权融资规模相关系数（全样本）

变量	Equitym1	Equitym2	IC1	IC2	Sholder	Qyxz
Equitym1	1					
Equitym2	0. 594 ***	1				
IC1	0. 154 ***	- 0. 105 ***	1			
IC2	0. 082 ***	0. 007	0. 156 ***	1		
Sholder	- 0. 264 ***	- 0. 208 ***	0. 129 ***	0. 052 ***	1	
Qyxz	0. 359 ***	0. 139 ***	0. 064 ***	- 0. 004	0. 112 ***	1

注：表中 ***、** 和 * 分别表示 0. 01、0. 05 和 0. 1 的显著性水平。

资料来源：CSMAR 数据库、同花顺数据库和迪博数据库。

此外，控股股东持股比例与股权融资显著负相关，企业性质与股权融资显著正相关，如果企业为国有企业能获得更多股权融资。

对内部控制五要素与企业股权融资规模的相关性分析如表 4-4 所示，结果显示，内部环境、控制活动及信息与沟通与企业股权融资规模显著负相关，这三项指数越高，企业的管理水平和管理效率越高，企业的股权融资规模比

表4-4　　　　内部控制五要素与企业股权融资规模相关系数（全样本）

变量	Equitym1	Equitym2	Envir	Risk	Act	Infor	Superv
Equitym1	1						
Equitym2	0. 594 ***	1					
Envir	− 0. 320 ***	− 0. 174 ***	1				
Risk	0. 317 ***	0. 131 ***	− 0. 374 ***	1			
Act	− 0. 060 ***	− 0. 046 **	0. 189 ***	0. 284 ***	1		
Infor	− 0. 127 ***	− 0. 091 ***	0. 428 ***	0. 066 ***	0. 317 ***	1	
Superv	0. 385 ***	0. 182 ***	− 0. 403 ***	0. 645 ***	0. 217 ***	− 0. 056 ***	1

注：表中 ***、** 和 * 分别表示0. 01、0. 05 和0. 1 的显著性水平。
资料来源：CSMAR 数据库、同花顺数据库和迪博数据库。

例越低，企业可以减少股权融资的非效率行为，降低融资成本。风险评估和内部监督指数和企业股权融资规模显著正相关，显示企业风险评估水平和内部监督工作越严格，越能够控制融资风险，企业从而能够获得更多的股权融资。

（3）内部控制对企业股权融资规模影响的回归分析。表4-5 和表4-6 为模型（4.1）的回归结果，检验内部控制对企业股权融资规模的影响，分别为全样本企业、国有企业和非国有企业样本的回归结果。回归结果中用内部控制指数和内部控制信息披露指数衡量内部控制。结果显示全样本和国有企业内部控制与企业股权融资金额为显著正相关关系，内部控制水平越高，企业获得的股权融资金额越大，内部控制与股权融资比例显著负相关，表明企业在内部控制水平较高时，虽然能够获得更多融资规模，但占总资产的比例变小，融资决策变得更加谨慎，严格控制股权融资金额占总资产的比例。非国有企业内部控制对股权融资规模没有影响，表明在我国股权融资采用审核制的背景下，非国有企业的内部控制水平并不能直接影响股权融资规模。

表4-5　　　　内部控制对企业股权融资的影响（内部控制指数）

变量	全样本		国有企业		非国有企业	
	Equitym1	Equitym2	Equitym1	Equitym2	Equitym1	Equitym2
IC1	0. 108 ***	− 0. 0142 ***	0. 296 ***	− 0. 0187 **	− 0. 0391	− 0. 00894
	(3. 311)	(− 2. 957)	(5. 502)	(− 2. 426)	(− 1. 015)	(− 1. 402)
Sholder	0. 0116 ***	− 0. 000402	0. 0113 ***	− 0. 000487	0. 00598 **	− 0. 000134
	(5. 646)	(− 1. 330)	(3. 716)	(− 1. 112)	(2. 280)	(− 0. 308)

续表

变量	全样本		国有企业		非国有企业	
	Equitym1	Equitym2	Equitym1	Equitym2	Equitym1	Equitym2
Sale	-0.000261	-2.83e-05	0.000461	-0.000362	-0.000229	-2.97e-05
	(-1.155)	(-0.850)	(0.0881)	(-0.482)	(-1.086)	(-0.850)
Fcf	-0.644	-0.175***	1.313**	-0.132	-1.815***	-0.205**
	(-1.586)	(-2.932)	(2.169)	(-1.518)	(-3.476)	(-2.366)
Eps	0.320***	-0.00802	-0.0538	-0.00966	0.531***	-5.13e-05
	(4.419)	(-0.752)	(-0.534)	(-0.667)	(5.480)	(-0.00320)
Constant	19.17***	0.292***	18.23***	0.316***	20.08***	0.254***
	(87.36)	(9.054)	(49.85)	(6.023)	(77.16)	(5.884)
Observations	1420	1420	547	547	846	846
R-Squared	0.061	0.021	0.101	0.028	0.049	0.012

注：表中数据为各自变量的回归系数，括号内的数字为 T 检验值，***、** 和 * 分别表示 0.01、0.05 和 0.1 的显著性水平。

资料来源：CSMAR 数据库、同花顺数据库和迪博数据库。

表 4 - 6　内部控制对企业股权融资规模的影响（内部控制信息披露指数）

变量	全样本		国有企业		非国有企业	
	Equitym1	Equitym2	Equitym1	Equitym2	Equitym1	Equitym2
IC2	0.0605***	0.000241	0.0597***	0.000101	0.0496***	0.000317
	(5.336)	(0.610)	(4.024)	(0.145)	(3.627)	(0.652)
Sholder	-0.0588***	-0.00153***	-0.00906	-0.000897**	-0.0882***	-0.00188***
	(-9.275)	(-6.938)	(-1.065)	(-2.262)	(-11.65)	(-6.979)
Sale	0.000409	-1.26e-05	-0.00630***	-0.000103	0.00104	-4.42e-06
	(0.467)	(-0.414)	(-2.675)	(-0.937)	(1.168)	(-0.140)
Fcf	7.869***	0.0430	2.061	-0.0860	7.855***	0.0767
	(6.386)	(1.004)	(1.206)	(-1.080)	(5.345)	(1.466)
Eps	-3.014***	-0.0741***	-0.937***	-0.0379***	-3.608***	-0.0854***
	(-14.68)	(-10.37)	(-3.502)	(-3.042)	(-14.36)	(-9.552)
Constant	18.68***	0.200***	18.33***	0.192***	19.42***	0.205***
	(42.20)	(12.95)	(30.77)	(6.923)	(37.16)	(11.01)
Observations	2137	2137	620	620	1483	1483
R-Squared	0.156	0.081	0.060	0.035	0.231	0.106

注：表中数据为各自变量的回归系数，括号内的数字为 T 检验值，***、** 和 * 分别表示 0.01、0.05 和 0.1 的显著性水平。

资料来源：CSMAR 数据库、同花顺数据库和迪博数据库。

（4）内部控制五要素对企业股权融资规模影响的回归分析。表4-7、表4-8、表4-9、表4-10、表4-11 为模型（4.2）的回归结果，检验内部控制五要素对企业股权融资规模的影响，分别为全样本企业、国有企业和非国有企业样本的回归结果。

表4-7　　　　　　　　　内部环境对企业股权融资规模的影响

变量	全样本		国有企业		非国有企业	
	Equitym1	Equitym2	Equitym1	Equitym2	Equitym1	Equitym2
Envir	-0.170 ***	-0.00180 ***	-0.0808 ***	0.000492	-0.206 ***	-0.00256 ***
	(-8.937)	(-2.691)	(-2.793)	(0.368)	(-9.595)	(-3.274)
Sholder	-0.0536 ***	-0.00148 ***	-0.00767	-0.000901 **	-0.0806 ***	-0.00179 ***
	(-8.519)	(-6.689)	(-0.894)	(-2.271)	(-10.88)	(-6.645)
Sale	0.000292	-1.34e-05	-0.00663 ***	-0.000104	0.000937	-5.50e-06
	(0.338)	(-0.441)	(-2.800)	(-0.946)	(1.081)	(-0.174)
Fcf	6.399 ***	0.0282	1.394	-0.0854	5.723 ***	0.0504
	(5.214)	(0.654)	(0.811)	(-1.073)	(3.950)	(0.955)
Eps	-2.632 ***	-0.0700 ***	-0.794 ***	-0.0388 ***	-3.063 ***	-0.0785 ***
	(-12.69)	(-9.598)	(-2.894)	(-3.057)	(-12.18)	(-8.580)
Constant	21.82 ***	0.220 ***	20.94 ***	0.192 ***	22.33 ***	0.231 ***
	(77.33)	(22.17)	(50.04)	(9.888)	(69.82)	(19.89)
Observations	2137	2137	620	620	1483	1483
R-Squared	0.175	0.084	0.047	0.035	0.270	0.112

注：表中数据为各自变量的回归系数，括号内的数字为 T 检验值，*** 、** 和 * 分别表示0.01、0.05 和0.1 的显著性水平。

资料来源：CSMAR 数据库、同花顺数据库和迪博数据库。

表4-8　　　　　　　　　风险评估对企业股权融资规模的影响

变量	全样本		国有企业		非国有企业	
	Equitym1	Equitym2	Equitym1	Equitym2	Equitym1	Equitym2
Risk	0.405 ***	0.00256 **	0.269 ***	-0.00206	0.455 ***	0.00470 ***
	(11.95)	(2.115)	(6.043)	(-0.978)	(11.24)	(3.153)
Sholder	-0.0540 ***	-0.00150 ***	-0.00891	-0.000893 **	-0.0821 ***	-0.00182 ***
	(-8.723)	(-6.801)	(-1.064)	(-2.252)	(-11.24)	(-6.770)
Sale	0.000337	-1.29e-05	-0.00597 **	-0.000109	0.000910	-5.64e-06
	(0.395)	(-0.424)	(-2.578)	(-0.992)	(1.061)	(-0.179)

续表

变量	全样本		国有企业		非国有企业	
	Equitym1	Equitym2	Equitym1	Equitym2	Equitym1	Equitym2
Fcf	6. 520 ***	0. 0348	1. 517	− 0. 0860	6. 069 ***	0. 0583
	(5. 410)	(0. 809)	(0. 904)	(− 1. 083)	(4. 258)	(1. 112)
Eps	− 2. 585 ***	− 0. 0713 ***	− 0. 680 **	− 0. 0399 ***	− 3. 044 ***	− 0. 0795 ***
	(− 12. 71)	(− 9. 838)	(− 2. 548)	(− 3. 162)	(− 12. 30)	(− 8. 732)
Constant	18. 42 ***	0. 193 ***	18. 94 ***	0. 206 ***	18. 45 ***	0. 189 ***
	(59. 99)	(17. 65)	(46. 65)	(10. 71)	(50. 86)	(14. 13)
Observations	2137	2137	620	620	1483	1483
R-Squared	0. 198	0. 083	0. 089	0. 037	0. 286	0. 112

注：表中数据为各自变量的回归系数，括号内的数字为 T 检验值，*** 、** 和 * 分别表示0.01、0.05 和 0.1 的显著性水平。

资料来源：CSMAR 数据库、同花顺数据库和迪博数据库。

表 4 − 9　　　　　　　　控制活动对企业股权融资规模的影响

变量	全样本		国有企业		非国有企业	
	Equitym1	Equitym2	Equitym1	Equitym2	Equitym1	Equitym2
Act	− 0. 0277	− 0. 000870	− 0. 0208	0. 000311	− 0. 00130	− 0. 000738
	(− 0. 948)	(− 0. 862)	(− 0. 482)	(0. 156)	(− 0. 0389)	(− 0. 625)
Sholder	− 0. 0582 ***	− 0. 00152 ***	− 0. 00826	− 0. 000899 **	− 0. 0873 ***	− 0. 00187 ***
	(− 9. 112)	(− 6. 906)	(− 0. 957)	(− 2. 265)	(− 11. 48)	(− 6. 932)
Sale	0. 000348	− 1. 27e−05	− 0. 00668 ***	− 0. 000103	0. 00101	− 4. 53e−06
	(0. 395)	(− 0. 419)	(− 2. 804)	(− 0. 943)	(1. 129)	(− 0. 143)
Fcf	7. 751 ***	0. 0424	1. 633	− 0. 0870	7. 828 ***	0. 0761
	(6. 250)	(0. 988)	(0. 946)	(− 1. 094)	(5. 303)	(1. 456)
Eps	− 3. 016 ***	− 0. 0739 ***	− 0. 939 ***	− 0. 0380 ***	− 3. 621 ***	− 0. 0854 ***
	(− 14. 60)	(− 10. 35)	(− 3. 462)	(− 3. 043)	(− 14. 35)	(− 9. 555)
Constant	20. 84 ***	0. 214 ***	20. 44 ***	0. 193 ***	20. 99 ***	0. 220 ***
	(62. 15)	(18. 45)	(43. 83)	(9. 012)	(53. 94)	(15. 98)
Observations	2137	2137	620	620	1483	1483
R-Squared	0. 145	0. 082	0. 035	0. 035	0. 224	0. 106

注：表中数据为各自变量的回归系数，括号内的数字为 T 检验值，*** 、** 和 * 分别表示0.01、0.05 和 0.1 的显著性水平。

资料来源：CSMAR 数据库、同花顺数据库和迪博数据库。

表 4 – 10　　　　　　　　　　信息与沟通对企业股权融资规模的影响

变量	全样本		国有企业		非国有企业	
	Equitym1	Equitym2	Equitym1	Equitym2	Equitym1	Equitym2
Infor	– 0. 273 ***	– 0. 00646 **	– 0. 0671	– 0. 00252	– 0. 234 **	– 0. 00610 *
	(– 3. 593)	(– 2. 456)	(– 0. 674)	(– 0. 551)	(– 2. 549)	(– 1. 876)
Sholder	– 0. 0578 ***	– 0. 00152 ***	– 0. 00830	– 0. 000891 **	– 0. 0865 ***	– 0. 00185 ***
	(– 9. 086)	(– 6. 885)	(– 0. 963)	(– 2. 246)	(– 11. 41)	(– 6. 891)
Sale	0. 000412	– 1. 13e – 05	– 0. 00665 ***	– 0. 000102	0. 00106	– 3. 25e – 06
	(0. 469)	(– 0. 370)	(– 2. 791)	(– 0. 933)	(1. 190)	(– 0. 103)
Fcf	7. 336 ***	0. 0326	1. 523	– 0. 0905	7. 498 ***	0. 0679
	(5. 905)	(0. 758)	(0. 879)	(– 1. 135)	(5. 071)	(1. 294)
Eps	– 2. 949 ***	– 0. 0724 ***	– 0. 930 ***	– 0. 0376 ***	– 3. 556 ***	– 0. 0837 ***
	(– 14. 25)	(– 10. 10)	(– 3. 427)	(– 3. 009)	(– 14. 05)	(– 9. 333)
Constant	21. 23 ***	0. 221 ***	20. 43 ***	0. 201 ***	21. 49 ***	0. 228 ***
	(70. 16)	(21. 14)	(50. 30)	(10. 75)	(60. 15)	(18. 00)
Observations	2137	2137	620	620	1483	1483
R-Squared	0. 150	0. 084	0. 036	0. 036	0. 228	0. 108

注：表中数据为各自变量的回归系数，括号内的数字为 T 检验值，*** 、** 和 * 分别表示 0. 01、0. 05 和 0. 1 的显著性水平。

资料来源：CSMAR 数据库、同花顺数据库和迪博数据库。

表 4 – 11　　　　　　　　　　内部监督对企业股权融资规模的影响

变量	全样本		国有企业		非国有企业	
	Equitym1	Equitym2	Equitym1	Equitym2	Equitym1	Equitym2
Superv	0. 278 ***	0. 00279 ***	0. 174 ***	0. 000653	0. 285 ***	0. 00353 ***
	(14. 23)	(3. 963)	(6. 840)	(0. 537)	(11. 95)	(4. 007)
Sholder	– 0. 0537 ***	– 0. 00148 ***	– 0. 00627	– 0. 000888 **	– 0. 0832 ***	– 0. 00182 ***
	(– 8. 796)	(– 6. 735)	(– 0. 754)	(– 2. 238)	(– 11. 45)	(– 6. 800)
Sale	0. 000668	– 9. 62e – 06	– 0. 00583 **	– 0. 000100	0. 00125	– 1. 63e – 06
	(0. 793)	(– 0. 317)	(– 2. 537)	(– 0. 913)	(1. 465)	(– 0. 0517)
Fcf	6. 391 ***	0. 0289	2. 317	– 0. 0842	5. 633 ***	0. 0493
	(5. 374)	(0. 674)	(1. 389)	(– 1. 057)	(3. 963)	(0. 940)
Eps	– 2. 533 ***	– 0. 0692 ***	– 0. 749 ***	– 0. 0372 ***	– 3. 030 ***	– 0. 0781 ***
	(– 12. 64)	(– 9. 582)	(– 2. 849)	(– 2. 968)	(– 12. 32)	(– 8. 612)

续表

变量	全样本		国有企业		非国有企业	
	Equitym1	Equitym2	Equitym1	Equitym2	Equitym1	Equitym2
Constant	17.86 ***	0.179 ***	18.47 ***	0.189 ***	18.21 ***	0.180 ***
	(57.58)	(16.05)	(43.06)	(9.222)	(49.79)	(13.37)
Observations	2137	2137	620	620	1483	1483
R-Squared	0.219	0.088	0.103	0.036	0.293	0.116

注：表中数据为各自变量的回归系数，括号内的数字为 T 检验值，*** 、 ** 和 * 分别表示0.01、0.05 和 0.1 的显著性水平。

资料来源：CSMAR 数据库、同花顺数据库和迪博数据库。

结果显示，内部环境和信息与沟通与企业股权融资规模显著负相关，这两项指数越高，企业的管理水平和管理效率越高，企业的股权融资规模和比例越低，企业可以减少股权融资的非效率行为，降低融资成本。控制活动与股权融资规模无显著关系，此处和相关性分析不一致，风险评估和内部监督指数和企业股权融资规模显著正相关，显示企业风险评估水平和内部监督工作越严格，能够控制融资风险，企业从而能够获得更多的股权融资。

4.4.2　内部控制对企业 IPO 融资的影响

（1）相关性分析。由于企业上市当年没有内部控制指数，所以只分析内部控制信息披露指数和企业 IPO 融资规模的相关关系。研究样本只选取了 IPO 当年数据。

对内部控制与企业 IPO 融资的相关性分析如表 4 - 12 所示，结果显示内部控制与企业 IPO 融资比例为显著正相关关系，表明内部控制水平越高，企业获得的 IPO 融资金额占总资产的比例越大，内部控制与企业 IPO 融资金额无显著关系。

此外，控股股东持股比例、企业性质与 IPO 融资金额显著正相关，与 IPO 融资比例显著负相关。

对内部控制五要素与企业 IPO 融资的相关性分析如表 4 - 13 所示，结果显示，内部环境、信息与沟通与企业 IPO 融资规模显著正相关，这两项指数越

表 4 – 12　　　　　　内部控制与企业 IPO 融资相关系数（全样本）

变量	IPOm1	IPOm2	IC2	Sholder	Qyxz
IPOm1	1				
IPOm2	0.094 ***	1			
IC2	− 0.021	0.132 ***	1		
Sholder	0.090 ***	− 0.087 ***	− 0.023	1	
Qyxz	0.204 ***	− 0.215 ***	− 0.046	0.061 **	1

注：表中 *** 、** 和 * 分别表示 0.01、0.05 和 0.1 的显著性水平。
资料来源：CSMAR 数据库、同花顺数据库和迪博数据库。

高，企业的管理水平和管理效率越高，企业的 IPO 融资规模和比例越高，企业的高效率运营可以满足 IPO 融资的严格监管和审核。风险评估和内部监督指数和企业 IPO 融资显著负相关，显示企业风险评估水平和内部监督工作越严格，企业在进行 IPO 融资时越谨慎。

表 4 – 13　　　　内部控制五要素与企业 IPO 融资相关系数（全样本）

变量	IPOm1	IPOm2	Envir	Risk	Act	Infor	Superv
IPOm1	1						
IPOm2	0.094 ***	1					
Envir	0.250 ***	0.511 ***	1				
Risk	− 0.222 ***	− 0.290 ***	− 0.186 ***	1			
Act	− 0.051 *	0.068 **	0.311 ***	0.273 ***	1		
Infor	0.061 **	0.205 ***	0.490 ***	0.142 ***	0.307 ***	1	
Superv	− 0.217 ***	− 0.318 ***	− 0.331 ***	0.465 ***	0.107 ***	− 0.035	1

注：表中 *** 、** 和 * 分别表示 0.01、0.05 和 0.1 的显著性水平。
资料来源：CSMAR 数据库、同花顺数据库和迪博数据库。

（2）内部控制对企业 IPO 融资规模影响的回归分析。由于企业上市当年没有内部控制指数，所以只分析内部控制信息披露指数和企业 IPO 融资规模的关系。

表 4 – 14 为模型（4.1）的回归结果，检验内部控制对企业 IPO 融资规模的影响，分别为全样本企业、国有企业和非国有企业样本的回归结果。结果显示全样本和非国有企业内部控制信息披露情况与企业 IPO 融资比例为显著正相关关系，表明内部控制水平越高，企业获得的 IPO 融资金额占总资产

的比例越大，内部控制信息披露指数与企业 IPO 融资金额无显著关系。国有企业中内部控制与 IPO 融资金额负相关，与融资金额占总资产的比例显著正相关，表明国有企业 IPO 融资时，内部控制越好，绝对融资数额会减少，但融资金额和总资产的比例会增加。

表 4 – 14　内部控制对企业 IPO 融资规模的影响（内部控制信息披露指数）

变量	全样本		国有企业		非国有企业	
	IPOm1	IPOm2	IPOm1	IPOm2	IPOm1	IPOm2
IC2	−0.00427	4.13e−07 ***	−0.0288 **	5.08e−07 **	0.00158	3.61e−07 ***
	(−1.328)	(5.051)	(−2.407)	(2.286)	(0.524)	(4.183)
Sholder	0.00645 ***	−9.74e−08 **	0.0209 ***	−3.19e−07 ***	0.00361 **	−7.37e−08
	(3.442)	(−2.045)	(3.368)	(−2.764)	(2.017)	(−1.440)
Sale	−0.000378	9.02e−09	−0.00102	1.77e−08	−0.127 ***	1.61e−07
	(−0.678)	(0.635)	(−1.574)	(1.464)	(−3.304)	(0.147)
Fcf	−0.812 **	−1.85e−05 **	−0.150	−4.88e−05 **	−1.123 ***	−1.10e−05
	(−2.422)	(−2.171)	(−0.130)	(−2.269)	(−3.527)	(−1.203)
Eps	0.494 ***	3.37e−06 **	0.184	7.52e−06 *	0.534 ***	2.89e−06 *
	(7.753)	(2.079)	(0.783)	(1.722)	(8.913)	(1.685)
Constant	10.53 ***	3.56e−05 ***	11.29 ***	3.40e−05 ***	10.41 ***	3.75e−05 ***
	(77.68)	(10.32)	(21.48)	(3.475)	(82.65)	(10.41)
Observations	715	716	73	73	636	636
R-Squared	0.093	0.053	0.265	0.318	0.134	0.036

注：表中数据为各自变量的回归系数，括号内的数字为 T 检验值，*** 、** 和 * 分别表示 0.01、0.05 和 0.1 的显著性水平。

资料来源：CSMAR 数据库、同花顺数据库和迪博数据库。

（3）内部控制五要素对企业 IPO 融资规模影响的回归分析。表 4 – 15、表 4 – 16、表 4 – 17、表 4 – 18、表 4 – 19 为模型（4.2）的回归结果，检验内部控制五要素对企业 IPO 融资规模的影响，分别为全样本企业、国有企业和非国有企业样本的回归结果。内部环境、信息与沟通与企业 IPO 融资规模显著正相关，这两项指数越高，企业的管理水平和管理效率越高，企业的 IPO 比率越高，企业的高效率运营可以满足 IPO 融资的严格监管和审核。风险评估和内部监督指数和企业 IPO 融资显著负相关，显示企业风险评估水平和内部监督工作越严格，企业在进行 IPO 融资时越谨慎。

表 4 – 15   内部环境对企业 IPO 融资规模的影响

变量	全样本		国有企业		非国有企业	
	IPOm1	IPOm2	IPOm1	IPOm2	IPOm1	IPOm2
Envir	0.0397 ***	2.07e−06 ***	0.0165	1.62e−06 ***	0.0412 ***	2.14e−06 ***
	(7.526)	(17.41)	(0.711)	(4.238)	(8.617)	(17.92)
Sholder	0.00662 ***	−8.10e−08 **	0.0248 ***	−3.44e−07 ***	0.00370 **	−5.75e−08
	(3.667)	(−1.994)	(3.937)	(−3.306)	(2.192)	(−1.364)
Sale	−0.000378	7.05e−09	−0.00104	1.75e−08	−0.111 ***	1.10e−06
	(−0.703)	(0.583)	(−1.533)	(1.565)	(−3.056)	(1.213)
Fcf	−0.256	7.00e−06	0.409	−3.74e−05 *	−0.529 *	1.89e−05 **
	(−0.774)	(0.943)	(0.335)	(−1.857)	(−1.712)	(2.453)
Eps	0.462 ***	2.07e−06	0.114	6.31e−06	0.502 ***	1.24e−06
	(7.507)	(1.498)	(0.466)	(1.562)	(8.824)	(0.877)
Constant	9.969 ***	2.56e−05 ***	10.13 ***	3.18e−05 ***	10.02 ***	2.52e−05 ***
	(92.70)	(10.60)	(22.64)	(4.302)	(101.3)	(10.23)
Observations	715	716	73	73	636	636
R-Squared	0.158	0.313	0.207	0.420	0.225	0.344

注：表中数据为各自变量的回归系数，括号内的数字为 T 检验值，*** 、** 和 * 分别表示 0.01、0.05 和 0.1 的显著性水平。

资料来源：CSMAR 数据库、同花顺数据库和迪博数据库。

表 4 – 16   风险评估对企业 IPO 融资规模的影响

变量	全样本		国有企业		非国有企业	
	IPOm1	IPOm2	IPOm1	IPOm2	IPOm1	IPOm2
Risk	−0.0738 ***	−2.16e−06 ***	−0.0668	−2.68e−06 ***	−0.0642 ***	−2.33e−06 ***
	(−6.632)	(−7.575)	(−1.417)	(−3.261)	(−6.157)	(−7.823)
Sholder	0.00683 ***	−7.99e−08 *	0.0235 ***	−4.19e−07 ***	0.00437 **	−3.38e−08
	(3.754)	(−1.711)	(3.762)	(−3.839)	(2.513)	(−0.683)
Sale	−0.000509	3.52e−09	−0.00110	1.50e−08	−0.108 ***	9.69e−07
	(−0.938)	(0.253)	(−1.645)	(1.284)	(−2.894)	(0.907)
Fcf	−0.552 *	−1.37e−05	0.149	−5.85e−05 ***	−0.839 ***	−1.71e−06
	(−1.685)	(−1.640)	(0.127)	(−2.840)	(−2.683)	(−0.192)
Eps	0.482 ***	3.33e−06 **	0.135	8.36e−06 *	0.519 ***	2.38e−06
	(7.777)	(2.099)	(0.560)	(1.992)	(8.899)	(1.435)
Constant	10.64 ***	5.50e−05 ***	10.54 ***	5.96e−05 ***	10.65 ***	5.52e−05 ***
	(108.3)	(21.85)	(27.69)	(8.970)	(115.3)	(20.97)
Observations	715	716	73	73	636	636
R-Squared	0.144	0.093	0.225	0.365	0.183	0.097

注：表中数据为各自变量的回归系数，括号内的数字为 T 检验值，*** 、** 和 * 分别表示 0.01、0.05 和 0.1 的显著性水平。

资料来源：CSMAR 数据库、同花顺数据库和迪博数据库。

表 4 –17　　　　　　　　　　控制活动对企业 IPO 融资规模的影响

变量	全样本		国有企业		非国有企业	
	IPOm1	IPOm2	IPOm1	IPOm2	IPOm1	IPOm2
Act	-0.00920 (-1.051)	$7.97e-07^{***}$ (3.547)	-0.0844^{**} (-2.523)	$1.45e-06^{**}$ (2.333)	0.00404 (0.494)	$6.46e-07^{***}$ (2.745)
Sholder	0.00645^{***} (3.442)	$-9.71e-08^{**}$ (-2.019)	0.0213^{***} (3.470)	$-3.28e-07^{***}$ (-2.860)	0.00361^{**} (2.018)	$-6.90e-08$ (-1.337)
Sale	-0.000365 (-0.654)	$7.77e-09$ (0.543)	-0.000960 (-1.481)	$1.66e-08$ (1.374)	-0.126^{***} (-3.269)	$4.21e-07$ (0.380)
Fcf	-0.796^{**} (-2.376)	$-2.02e-05^{**}$ (-2.356)	0.201 (0.176)	$-5.50e-05^{**}$ (-2.585)	-1.124^{***} (-3.531)	$-1.15e-05$ (-1.253)
Eps	0.491^{***} (7.707)	$3.65e-06^{**}$ (2.234)	0.170 (0.730)	$7.78e-06^{*}$ (1.786)	0.535^{***} (8.927)	$3.08e-06^{*}$ (1.779)
Constant	10.47^{***} (90.37)	$4.20e-05^{***}$ (14.12)	11.08^{***} (24.53)	$3.80e-05^{***}$ (4.515)	10.43^{***} (96.28)	$4.33e-05^{***}$ (13.87)
Observations	715	716	73	73	636	636
R-Squared	0.093	0.036	0.271	0.320	0.134	0.021

注：表中数据为各自变量的回归系数，括号内的数字为 T 检验值，***、** 和 * 分别表示 0.01、0.05 和 0.1 的显著性水平。

资料来源：CSMAR 数据库、同花顺数据库和迪博数据库。

表 4 –18　　　　　　　　　　信息与沟通对企业 IPO 融资规模的影响

变量	全样本		国有企业		非国有企业	
	IPOm1	IPOm2	IPOm1	IPOm2	IPOm1	IPOm2
Infor	0.0242 (1.120)	$2.79e-06^{***}$ (5.071)	-0.0683 (-0.991)	$6.78e-07$ (0.529)	0.0618^{***} (2.988)	$2.97e-06^{***}$ (5.018)
Sholder	0.00637^{***} (3.398)	$-9.49e-08^{**}$ (-1.992)	0.0233^{***} (3.676)	$-3.70e-07^{***}$ (-3.133)	0.00342^{*} (1.926)	$-7.12e-08$ (-1.400)
Sale	-0.000375 (-0.672)	$6.52e-09$ (0.459)	-0.000978 (-1.448)	$1.73e-08$ (1.377)	-0.141^{***} (-3.658)	$-3.74e-07$ (-0.339)
Fcf	-0.751^{**} (-2.231)	$-1.67e-05^{*}$ (-1.952)	0.144 (0.121)	$-5.46e-05^{**}$ (-2.467)	-1.056^{***} (-3.334)	$-8.75e-06$ (-0.964)
Eps	0.487^{***} (7.626)	$3.10e-06^{*}$ (1.908)	0.140 (0.580)	$8.33e-06^{*}$ (1.847)	0.524^{***} (8.779)	$2.43e-06$ (1.425)
Constant	10.34^{***} (96.07)	$4.14e-05^{***}$ (15.13)	10.53^{***} (25.97)	$4.90e-05^{***}$ (6.496)	10.32^{***} (103.3)	$4.15e-05^{***}$ (14.51)
Observations	715	716	73	73	636	636
R-Squared	0.093	0.053	0.213	0.268	0.146	0.047

注：表中数据为各自变量的回归系数，括号内的数字为 T 检验值，***、** 和 * 分别表示 0.01、0.05 和 0.1 的显著性水平。

资料来源：CSMAR 数据库、同花顺数据库和迪博数据库。

表 4 - 19 内部监督对企业 IPO 融资规模的影响

变量	全样本		国有企业		非国有企业	
	IPOm1	IPOm2	IPOm1	IPOm2	IPOm1	IPOm2
Superv	-0.0567 ***	$-1.47e-06$ ***	-0.0895 ***	$1.01e-07$	-0.0488 ***	$-1.81e-06$ ***
	(-8.285)	(-8.352)	(-3.281)	(0.186)	(-7.597)	(-10.05)
Sholder	0.00668 ***	$-8.39e-08$ *	0.0216 ***	$-3.78e-07$ ***	0.00422 **	$-3.87e-08$
	(3.729)	(-1.814)	(3.651)	(-3.204)	(2.465)	(-0.805)
Sale	-0.000472	$4.95e-09$	-0.00108 *	$1.79e-08$	-0.105 ***	$1.13e-06$
	(-0.884)	(0.358)	(-1.717)	(1.425)	(-2.834)	(1.086)
Fcf	-0.398	$-1.10e-05$	0.291	$-5.55e-05$ **	-0.698 **	$3.82e-06$
	(-1.231)	(-1.320)	(0.262)	(-2.508)	(-2.252)	(0.438)
Eps	0.483 ***	$3.40e-06$ **	0.129	$8.39e-06$ *	0.517 ***	$2.30e-06$
	(7.925)	(2.157)	(0.569)	(1.857)	(9.001)	(1.426)
Constant	10.75 ***	$5.71e-05$ ***	10.92 ***	$5.03e-05$ ***	10.75 ***	$5.90e-05$ ***
	(108.2)	(22.26)	(29.12)	(6.730)	(114.7)	(22.38)
Observations	715	716	73	73	636	636
R-Squared	0.171	0.107	0.312	0.265	0.207	0.146

注：表中数据为各自变量的回归系数，括号内的数字为 T 检验值，*** 、** 和 * 分别表示 0.01、0.05 和 0.1 的显著性水平。

资料来源：CSMAR 数据库、同花顺数据库和迪博数据库。

（4）内部控制对企业 IPO 市场表现影响的回归分析。表 4 - 20 为模型（4.3）的回归结果，检验内部控制对企业 IPO 市场表现的影响，分别为全样本企业、国有企业和非国有企业样本的回归结果。结果显示所有样本企业内部控制与企业 IPO 首日市盈率为显著正相关关系，内部控制水平越高，企业 IPO 首发市盈率越高，表明有效的内部控制体现了企业高效的经营和管理能力，投资者对企业会有正面的预期，企业的股票会有比较高的定价。内部控制与 IPO 首日涨跌幅没有显著关系。

表 4 - 20 内部控制对企业 IPO 市场表现的影响（内部控制信息披露指数）

变量	全样本		国有企业		非国有企业	
	Syl	One	Syl	One	Syl	One
IC2	0.472 ***	-0.115	0.547 **	-0.406	0.482 ***	-0.0583
	(5.106)	(-0.866)	(2.085)	(-0.717)	(4.800)	(-0.431)

续表

变量	全样本		国有企业		非国有企业	
	Syl	One	Syl	One	Syl	One
Sholder	−0.0820	0.0106	−0.106	−0.212	−0.0879	0.0311
	(−1.521)	(0.136)	(−0.771)	(−0.709)	(−1.476)	(0.388)
Sale	−0.00428	−0.0178	−0.00548	−0.0236	0.283	2.560
	(−0.266)	(−0.769)	(−0.379)	(−0.748)	(0.221)	(1.484)
Fcf	−44.86 ***	29.85 **	−18.87	45.83	−48.36 ***	25.98 *
	(−4.649)	(2.153)	(−0.736)	(0.822)	(−4.565)	(1.820)
Eps	1.229	−7.018 ***	−2.776	−12.69	1.909	−6.238 **
	(0.670)	(−2.669)	(−0.533)	(−1.152)	(0.957)	(−2.320)
Constant	29.38 ***	39.65 ***	31.09 ***	69.41 ***	28.78 ***	34.64 ***
	(7.532)	(7.070)	(2.681)	(2.764)	(6.865)	(6.131)
Observations	716	720	74	77	636	636
R-Squared	0.072	0.016	0.104	0.040	0.072	0.015

注：表中数据为各自变量的回归系数，括号内的数字为 T 检验值，*** 、** 和 * 分别表示0.01、0.05 和 0.1 的显著性水平。

资料来源：CSMAR 数据库、同花顺数据库和迪博数据库。

（5）内部控制五要素对企业 IPO 市场表现影响的回归分析。表4－21、表4－22、表4－23、表4－24、表4－25 为模型（4.4）的回归结果，检验内部控制五要素对企业 IPO 市场表现的影响，分别为全样本企业、国有企业和非国有企业样本的回归结果。内部环境、控制活动及信息与沟通三项指数与企业 IPO 市盈率显著正相关，这三项指数越高，企业的管理水平和管理效率越高，资本市场对公司的经营更加看好，上市公司的股票定价越高。风险评估和内部监督指数和企业 IPO 首日市盈率显著负相关，与首日涨跌幅显著正相关，显示企业风险评估水平和内部监督工作越严格，企业在进行 IPO 融资时越会使市盈率稳定在一定的水平，而不会使市盈率太高，风险评估和内部监督比较好的公司，本身是运营能力好的公司，在上市后会向股票市场传递正面信息，投资者会更看好公司的发展，使得上市首日的涨跌幅越高。

表4－21 **内部环境对企业 IPO 市场表现的影响**

变量	全样本		国有企业		非国有企业	
	Syl	One	Syl	One	Syl	One
Envir	2.232 ***	−1.255 ***	2.038 ***	−0.103	2.287 ***	−1.393 ***
	(16.36)	(−5.677)	(4.659)	(−0.0983)	(15.77)	(−6.336)

续表

变量	全样本		国有企业		非国有企业	
	Syl	One	Syl	One	Syl	One
Sholder	−0.0633	0.00354	−0.127	−0.167	−0.0666	0.0278
	(−1.354)	(0.0467)	(−1.048)	(−0.570)	(−1.302)	(0.358)
Sale	−0.00648	−0.0171	−0.00575	−0.0235	1.330	2.023
	(−0.465)	(−0.755)	(−0.443)	(−0.745)	(1.204)	(1.209)
Fcf	−17.59 **	13.63	−2.229	50.40	−16.76 *	5.924
	(−2.054)	(0.982)	(−0.0953)	(0.890)	(−1.790)	(0.417)
Eps	−0.175	−6.221 **	−4.613	−13.22	0.167	−5.132 **
	(−0.110)	(−2.414)	(−0.982)	(−1.195)	(0.0968)	(−1.964)
Constant	19.32 ***	49.87 ***	25.23 ***	56.98 ***	18.45 ***	47.86 ***
	(6.935)	(11.04)	(2.952)	(2.744)	(6.156)	(10.53)
Observations	716	720	74	77	636	636
R-Squared	0.301	0.057	0.277	0.033	0.311	0.074

注：表中数据为各自变量的回归系数，括号内的数字为 T 检验值，***、** 和 * 分别表示 0.01、0.05 和 0.1 的显著性水平。

资料来源：CSMAR 数据库、同花顺数据库和迪博数据库。

表 4 – 22   风险评估对企业 IPO 市场表现的影响

变量	全样本		国有企业		非国有企业	
	Syl	One	Syl	One	Syl	One
Risk	−2.121 ***	1.637 ***	−2.602 **	−3.354	−2.138 ***	2.320 ***
	(−6.503)	(3.491)	(−2.596)	(−1.545)	(−6.044)	(4.908)
Sholder	−0.0632	0.000276	−0.208	−0.212	−0.0451	0.00373
	(−1.184)	(0.00359)	(−1.568)	(−0.730)	(−0.766)	(0.0474)
Sale	−0.00990	−0.0143	−0.00811	−0.0269	1.089	1.884
	(−0.623)	(−0.621)	(−0.569)	(−0.863)	(0.858)	(1.110)
Fcf	−40.84 ***	25.15 *	−29.51	47.57	−40.39 ***	15.72
	(−4.259)	(1.820)	(−1.181)	(0.872)	(−3.810)	(1.110)
Eps	1.232	−6.912 ***	−1.778	−13.05	1.473	−5.675 **
	(0.679)	(−2.650)	(−0.348)	(−1.203)	(0.745)	(−2.148)
Constant	50.42 ***	30.95 ***	57.79 ***	66.17 ***	49.48 ***	25.86 ***
	(17.52)	(7.459)	(7.133)	(3.785)	(15.79)	(6.178)
Observations	716	720	74	77	636	636
R-Squared	0.092	0.031	0.133	0.065	0.091	0.051

注：表中数据为各自变量的回归系数，括号内的数字为 T 检验值，***、** 和 * 分别表示 0.01、0.05 和 0.1 的显著性水平。

资料来源：CSMAR 数据库、同花顺数据库和迪博数据库。

表 4 – 23　　　　　　　　　控制活动对企业 IPO 市场表现的影响

变量	全样本		国有企业		非国有企业	
	Syl	One	Syl	One	Syl	One
Act	0. 842 ***	– 0. 133	1. 613 **	– 0. 332	0. 770 ***	– 0. 0516
	(3. 308)	(– 0. 368)	(2. 176)	(– 0. 208)	(2. 801)	(– 0. 141)
Sholder	– 0. 0814	0. 00989	– 0. 113	– 0. 177	– 0. 0802	0. 0295
	(– 1. 494)	(0. 127)	(– 0. 827)	(– 0. 593)	(– 1. 331)	(0. 368)
Sale	– 0. 00571	– 0. 0174	– 0. 00672	– 0. 0233	0. 614	2. 526
	(– 0. 352)	(– 0. 754)	(– 0. 466)	(– 0. 736)	(0. 474)	(1. 464)
Fcf	– 46. 83 ***	30. 41 **	– 25. 85	51. 34	– 49. 19 ***	26. 13 *
	(– 4. 808)	(2. 196)	(– 1. 022)	(0. 927)	(– 4. 590)	(1. 830)
Eps	1. 552	– 7. 094 ***	– 2. 475	– 13. 17	2. 139	– 6. 258 **
	(0. 838)	(– 2. 698)	(– 0. 477)	(– 1. 192)	(1. 059)	(– 2. 327)
Constant	37. 21 ***	37. 19 ***	35. 02 ***	58. 68 ***	37. 20 ***	33. 31 ***
	(11. 05)	(7. 755)	(3. 492)	(2. 707)	(10. 20)	(6. 857)
Observations	716	720	74	77	636	636
R-Squared	0. 052	0. 015	0. 109	0. 034	0. 050	0. 015

注：表中数据为各自变量的回归系数，括号内的数字为 T 检验值，***、** 和 * 分别表示 0.01、0.05 和 0.1 的显著性水平。

资料来源：CSMAR 数据库、同花顺数据库和迪博数据库。

表 4 – 24　　　　　　　　　信息与沟通对企业 IPO 市场表现的影响

变量	全样本		国有企业		非国有企业	
	Syl	One	Syl	One	Syl	One
Infor	3. 634 ***	– 1. 102	2. 910 *	1. 496	3. 875 ***	– 1. 549 *
	(5. 885)	(– 1. 234)	(1. 965)	(0. 466)	(5. 630)	(– 1. 662)
Sholder	– 0. 0796	0. 0102	– 0. 126	– 0. 142	– 0. 0841	0. 0351
	(– 1. 486)	(0. 131)	(– 0. 921)	(– 0. 478)	(– 1. 425)	(0. 439)
Sale	– 0. 00734	– 0. 0169	– 0. 00766	– 0. 0246	– 0. 410	2. 894 *
	(– 0. 460)	(– 0. 733)	(– 0. 526)	(– 0. 779)	(– 0. 320)	(1. 669)
Fcf	– 42. 10 ***	28. 86 **	– 23. 06	53. 31	– 45. 53 ***	24. 38 *
	(– 4. 374)	(2. 077)	(– 0. 903)	(0. 962)	(– 4. 316)	(1. 708)
Eps	0. 836	– 6. 886 ***	– 1. 995	– 13. 34	1. 317	– 5. 975 **
	(0. 458)	(– 2. 617)	(– 0. 383)	(– 1. 212)	(0. 663)	(– 2. 223)

续表

变量	全样本		国有企业		非国有企业	
	Syl	One	Syl	One	Syl	One
Constant	34. 94 ***	38. 82 ***	40. 92 ***	51. 26 ***	34. 35 ***	36. 37 ***
	(11. 35)	(8. 714)	(4. 687)	(2. 702)	(10. 32)	(8. 076)
Observations	716	720	74	77	636	636
R-Squared	0. 082	0. 017	0. 098	0. 036	0. 085	0. 019

注：表中数据为各自变量的回归系数，括号内的数字为 T 检验值，*** 、** 和 * 分别表示 0. 01、0. 05 和 0. 1 的显著性水平。

资料来源：CSMAR 数据库、同花顺数据库和迪博数据库。

表 4 - 25　　　　　　　　内部监督对企业 IPO 市场表现的影响

变量	全样本		国有企业		非国有企业	
	Syl	One	Syl	One	Syl	One
Superv	− 1. 619 ***	1. 151 ***	− 0. 938	− 0. 919	− 1. 730 ***	1. 453 ***
	(− 8. 069)	(3. 932)	(− 1. 476)	(− 0. 674)	(− 7. 990)	(4. 924)
Sholder	− 0. 0677	0. 00325	− 0. 201	− 0. 195	− 0. 0489	0. 0126
	(− 1. 288)	(0. 0424)	(− 1. 460)	(− 0. 659)	(− 0. 849)	(0. 160)
Sale	− 0. 00882	− 0. 0153	− 0. 00592	− 0. 0240	1. 263	1. 885
	(− 0. 563)	(− 0. 668)	(− 0. 404)	(− 0. 762)	(1. 014)	(1. 111)
Fcf	− 36. 53 ***	22. 87 *	− 26. 30	51. 92	− 34. 77 ***	13. 36
	(− 3. 850)	(1. 653)	(− 1. 021)	(0. 940)	(− 3. 328)	(0. 938)
Eps	1. 275	− 6. 956 ***	− 1. 757	− 13. 25	1. 377	− 5. 724 **
	(0. 713)	(− 2. 674)	(− 0. 334)	(− 1. 205)	(0. 711)	(− 2. 167)
Constant	53. 58 ***	29. 17 ***	55. 60 ***	61. 70 ***	53. 29 ***	24. 26 ***
	(18. 38)	(6. 857)	(6. 363)	(3. 320)	(16. 87)	(5. 631)
Observations	716	720	74	77	636	636
R-Squared	0. 118	0. 036	0. 076	0. 039	0. 127	0. 051

注：表中数据为各自变量的回归系数，括号内的数字为 T 检验值，*** 、** 和 * 分别表示 0. 01、0. 05 和 0. 1 的显著性水平。

资料来源：CSMAR 数据库、同花顺数据库和迪博数据库。

4.4.3　内部控制对企业配股融资规模的影响

（1）相关性分析。对内部控制与企业配股融资的相关性分析如表 4 - 26

所示，结果显示内部控制与企业配股融资金额为显著正相关关系，表明内部控制水平越高，企业获得的配股融资金额越大；内部控制与企业配股融资比例显著负相关，内部控制越好，配股相对总资产的比例越低。研究内部控制对配股融资规模的影响时，只选取了进行配股融资的样本。

表 4 – 26　　　　　内部控制与企业配股融资规模相关系数（全样本）

变量	Pggm1	Pggm2	IC1	IC2	Sholder	Qyxz
Pggm1	1					
Pggm2	− 0. 450 ***	1				
IC1	0. 374 ***	− 0. 224 *	1			
IC2	− 0. 055	0. 046	− 0. 311 **	1		
Sholder	0. 062	0. 05	− 0. 013	0. 052	1	
Qyxz	0. 142	− 0. 178	0. 062	− 0. 062	0. 176	1

注：表中 *** 、** 和 * 分别表示 0.01、0.05 和 0.1 的显著性水平。
资料来源：CSMAR 数据库、同花顺数据库和迪博数据库。

对内部控制五要素与企业配股融资的相关性分析如表 4 – 27 所示，结果显示，控制活动与配股融资金额显著负相关，表明企业在控制活动方面做得越完善，配股融资规模越小。内部环境、风险评估、信息与沟通、内部监督均与配股融资规模不相关。

表 4 – 27　　　　内部控制五要素与企业配股融资规模相关系数（全样本）

变量	Pggm1	Pggm2	Envir	Risk	Act	Infor	Superv
Pggm1	1						
Pggm2	− 0. 450 ***	1					
Envir	− 0. 028	0. 104	1				
Risk	− 0. 002	− 0. 070	− 0. 258 **	1			
Act	− 0. 226 *	0. 099	0. 192	0. 290 **	1		
Infor	0. 008	0. 046	0. 409 ***	0. 128	0. 293 **	1	
Superv	0. 062	− 0. 026	− 0. 314 **	0. 697 ***	0. 172	− 0. 006	1

注：表中 *** 、** 和 * 分别表示 0.01、0.05 和 0.1 的显著性水平。
资料来源：CSMAR 数据库、同花顺数据库和迪博数据库。

（2）内部控制对企业配股融资规模影响的回归分析。由于配股融资的样本较少，所以只对全样本进行分析，不再细分为国有企业和非国有企业。

表 4 – 28 为模型（4.1）的回归结果，检验内部控制对企业配股融资规

模的影响。结果显示内部控制与企业配股融资金额为显著正相关关系，表明内部控制水平越高，企业获得的配股融资金额越大；与相关性分析比较，增加了控制变量之后，内部控制与企业配股融资比例不再有显著的负相关关系。此外，企业自由现金流越多，配股融资金额越小，企业可能更多用自有资金满足经营需求。

表 4 – 28　　　　　内部控制指数对企业配股融资规模的影响（全样本）

变量	Pggm1	Pggm2	Pggm1	Pggm2
IC1	0.460 *** (2.914)	− 0.0246 (− 1.620)		
IC2			− 0.0133 (− 1.059)	0.000486 (0.419)
Sholder	0.00915 (1.168)	0.000392 (0.521)	0.00897 (1.079)	0.000408 (0.530)
Sale	− 0.240 (− 1.196)	0.0190 (0.982)	− 0.323 (− 1.530)	0.0233 (1.192)
Fcf	− 3.412 ** (− 2.117)	0.0586 (0.378)	− 3.909 ** (− 2.231)	0.0783 (0.483)
Eps	0.209 (0.862)	0.00412 (0.177)	0.360 (1.416)	− 0.00351 (− 0.149)
Constant	17.13 *** (14.85)	0.314 *** (2.828)	20.76 *** (40.96)	0.126 *** (2.692)
Observations	64	64	64	64
R-Squared	0.235	0.072	0.139	0.033

注：表中数据为各自变量的回归系数，括号内的数字为 T 检验值，***、** 和 * 分别表示 0.01、0.05 和 0.1 的显著性水平。

资料来源：CSMAR 数据库、同花顺数据库和迪博数据库。

（3）内部控制五要素对企业配股融资规模影响的回归分析。由于配股融资的样本较少，所以只对全样本进行分析，不再细分为国有企业和非国有企业。表 4 – 29 和表 4 – 30 为模型（4.2）的回归结果，检验内部控制五要素对企业配股融资规模的影响。

结果显示，控制活动与配股融资金额显著负相关，表明企业在控制活动方面做得越完善，配股融资决策考虑因素越多，配股融资规模越小。内部环境、风险评估、信息与沟通、内部监督均与配股融资规模不相关。

表 4 – 29   内部环境、风险评估、控制活动对配股融资规模的影响

变量	Pggm1	Pggm2	Pggm1	Pggm2	Pggm1	Pggm2
Envir	− 0. 0198	0. 00230				
	(− 0. 658)	(0. 836)				
Risk			− 0. 0202	− 0. 00171		
			(− 0. 539)	(− 0. 497)		
Act					− 0. 0606 *	0. 00255
					(− 1. 709)	(0. 768)
Sholder	0. 00888	0. 000389	0. 00864	0. 000424	0. 00736	0. 000474
	(1. 062)	(0. 508)	(1. 032)	(0. 552)	(0. 896)	(0. 616)
Sale	− 0. 318	0. 0232	− 0. 319	0. 0229	− 0. 301	0. 0224
	(− 1. 499)	(1. 194)	(− 1. 502)	(1. 172)	(− 1. 443)	(1. 148)
Fcf	− 3. 647 **	0. 0802	− 3. 748 **	0. 0426	− 3. 369 *	0. 0577
	(− 2. 104)	(0. 505)	(− 2. 105)	(0. 261)	(− 1. 998)	(0. 366)
Eps	0. 352	− 0. 00465	0. 339	− 0. 00217	0. 353	− 0. 00336
	(1. 375)	(− 0. 198)	(1. 327)	(− 0. 0927)	(1. 415)	(− 0. 144)
Constant	20. 54 ***	0. 120 ***	20. 44 ***	0. 148 ***	20. 82 ***	0. 122 ***
	(46. 97)	(2. 990)	(54. 70)	(4. 317)	(48. 82)	(3. 048)
Observations	64	64	64	64	64	64
R-Squared	0. 129	0. 042	0. 127	0. 034	0. 165	0. 040

注：表中数据为各自变量的回归系数，括号内的数字为 T 检验值，***、** 和 * 分别表示 0. 01、0. 05 和 0. 1 的显著性水平。

资料来源：CSMAR 数据库、同花顺数据库和迪博数据库。

表 4 – 30   信息与沟通、内部监督对企业配股融资规模的影响

变量	Pggm1	Pggm2	Pggm1	Pggm2
Infor	− 0. 0572	0. 00458		
	(− 0. 610)	(0. 531)		
Superv			0. 00304	− 0. 000409
			(0. 128)	(− 0. 188)
Sholder	0. 00942	0. 000357	0. 00855	0. 000429
	(1. 113)	(0. 458)	(1. 018)	(0. 556)
Sale	− 0. 341	0. 0250	− 0. 317	0. 0230
	(− 1. 579)	(1. 260)	(− 1. 486)	(1. 177)

续表

变量	Pggm1	Pggm2	Pggm1	Pggm2
Fcf	− 3. 744 **	0. 0827	− 3. 475 *	0. 0596
	(− 2. 121)	(0. 510)	(− 1. 998)	(0. 373)
Eps	0. 320	− 0. 00141	0. 332	− 0. 00223
	(1. 250)	(− 0. 0600)	(1. 294)	(− 0. 0950)
Constant	20. 48 ***	0. 131 ***	20. 34 ***	0. 144 ***
	(52. 11)	(3. 634)	(53. 54)	(4. 127)
Observations	64	64	64	64
R-Squared	0. 128	0. 035	0. 123	0. 031

注：表中数据为各自变量的回归系数，括号内的数字为 T 检验值，*** 、** 和 * 分别表示 0.01、0.05 和 0.1 的显著性水平。

资料来源：CSMAR 数据库、同花顺数据库和迪博数据库。

4.4.4 内部控制对企业公开增发融资规模的影响

（1）相关性分析。对内部控制与企业公开增发融资规模的相关性分析如表 4 – 31 所示，结果显示内部控制与企业公开增发融资金额为显著正相关关系，表明内部控制水平越高，企业获得的公开增发融资金额越大；内部控制与企业公开增发融资比例无显著相关。研究内部控制对公开增发融资的影响时，只选取了进行公开增发融资的样本。

表 4 – 31 内部控制与企业公开增发融资规模相关系数（全样本）

变量	Public1	Public2	IC1	IC2	Sholder	Qyxz
Public1	1					
Public2	− 0. 201	1				
IC1	0. 514 ***	− 0. 218	1			
IC2	− 0. 185	− 0. 145	− 0. 419 **	1		
Sholder	0. 245	− 0. 482 ***	0. 151	0. 120	1	
Qyxz	0. 496 ***	− 0. 690 ***	0. 314 *	0. 216	0. 641 ***	1

注：表中 *** 、** 和 * 分别表示 0.01、0.05 和 0.1 的显著性水平。

资料来源：CSMAR 数据库、同花顺数据库和迪博数据库。

对内部控制五要素与企业公开增发融资规模的相关性分析如表 4 – 32 所示，结果显示，控制活动与公开增发融资金额显著负相关，表明企业在控制活动方面做得越完善，在公开增发融资时考虑因素越多，公开增发融资金额越小。内部环境、风险评估、信息与沟通、内部监督均与公开增发融资规模不相关。

表4-32　内部控制五要素与企业公开增发融资规模相关系数（全样本）

变量	Public1	Public2	Envir	Risk	Act	Infor	Superv
Public1	1						
Public2	-0.201	1					
Envir	-0.044	0.012	1				
Risk	-0.076	-0.252	-0.084	1			
Act	-0.328 *	-0.028	0.173	0.539 ***	1		
Infor	-0.094	-0.006	0.406 **	0.461 ***	0.449 ***	1	
Superv	-0.076	-0.169	-0.224	0.718 ***	0.420 **	0.274	1

注：表中 *** 、** 和 * 分别表示 0.01、0.05 和 0.1 的显著性水平。
资料来源：CSMAR 数据库、同花顺数据库和迪博数据库。

（2）内部控制对企业公开增发融资规模影响的回归分析。由于公开增发融资的样本较少，所以只对全样本进行分析，不再细分为国有企业和非国有企业。

表4-33 为模型（4.1）的回归结果，检验内部控制对企业公开增发融资规模的影响。结果显示内部控制与企业公开增发融资金额为显著正相关关系，表明内部控制水平越高，企业获得的公开增发融资金额越大；内部控制与企业公开增发融资比例没有显著关系。

表4-33　　　　　内部控制对公开增发融资规模的影响

变量	Public1	Public2	Public1	Public2
IC1	0.822 *** (2.878)	-0.0259 (-1.156)		
IC2			-0.0339 (-1.249)	-0.00112 (-0.583)
Sholder	0.0119 (0.613)	-0.00244 (-1.601)	0.0345 * (1.730)	-0.00315 ** (-2.224)
Sale	0.205 (0.357)	0.0850 * (1.886)	0.460 (0.717)	0.0783 * (1.718)

续表

变量	Public1	Public2	Public1	Public2
Fcf	1. 589 (0. 386)	0. 249 (0. 773)	1. 946 (0. 419)	0. 272 (0. 822)
Eps	− 0. 228 (− 0. 410)	− 0. 0140 (− 0. 322)	0. 396 (0. 706)	− 0. 0443 (− 1. 114)
Constant	14. 47 *** (7. 705)	0. 430 *** (2. 926)	20. 52 *** (15. 72)	0. 316 *** (3. 401)
Observations	30	30	30	30
R-Squared	0. 350	0. 381	0. 179	0. 356

注：表中数据为各自变量的回归系数，括号内的数字为 T 检验值，*** 、** 和 * 分别表示0.01、0.05 和 0.1 的显著性水平。

资料来源：CSMAR 数据库、同花顺数据库和迪博数据库。

（3）内部控制五要素对企业公开增发融资规模影响的回归分析。由于公开增发融资的样本较少，所以只对全样本进行分析，不再细分为国有企业和非国有企业。表4－34 和表4－35 为模型（4.2）的回归结果，检验内部控制五要素对企业公开增发融资规模的影响。

表4－34　内部环境、风险评估、控制活动对公开增发融资规模的影响

变量	Public1	Public2	Public1	Public2	Public1	Public2
Envir	− 0. 0434 (− 0. 681)	0. 00318 (0. 720)				
Risk			− 0. 0359 (− 0. 391)	− 0. 00972 (− 1. 600)		
Act					− 0. 164 * (− 2. 011)	0. 00160 (0. 263)
Sholder	0. 0362 * (1. 764)	− 0. 00327 ** (− 2. 296)	0. 0345 (1. 677)	− 0. 00320 ** (− 2. 359)	0. 0351 * (1. 841)	− 0. 00316 ** (− 2. 212)
Sale	0. 402 (0. 611)	0. 0805 * (1. 767)	0. 466 (0. 704)	0. 0846 * (1. 932)	0. 472 (0. 772)	0. 0773 (1. 688)
Fcf	0. 970 (0. 203)	0. 288 (0. 869)	1. 725 (0. 358)	0. 335 (1. 051)	1. 022 (0. 231)	0. 258 (0. 780)
Eps	0. 659 (1. 146)	− 0. 0460 (− 1. 156)	0. 496 (0. 849)	− 0. 0565 (− 1. 462)	0. 429 (0. 820)	− 0. 0376 (− 0. 958)

续表

变量	Public1	Public2	Public1	Public2	Public1	Public2
Constant	19.84 *** (16.87)	0.241 *** (2.959)	19.48 *** (19.51)	0.313 *** (4.742)	20.71 *** (18.81)	0.264 *** (3.197)
Observations	30	30	30	30	30	30
R-Squared	0.142	0.361	0.131	0.410	0.252	0.349

注：表中数据为各自变量的回归系数，括号内的数字为 T 检验值，***、** 和 * 分别表示 0.01、0.05 和 0.1 的显著性水平。

资料来源：CSMAR 数据库、同花顺数据库和迪博数据库。

表 4-35　　　　信息与沟通、内部监督对公开增发融资规模的影响

变量	Public1	Public2	Public1	Public2
Infor	-0.105 (-0.557)	-0.00497 (-0.378)		
Superv			-0.0285 (-0.359)	-0.00712 (-1.340)
Sholder	0.0339 (1.651)	-0.00319 ** (-2.233)	0.0338 (1.636)	-0.00336 ** (-2.422)
Sale	0.503 (0.755)	0.0806 * (1.737)	0.439 (0.666)	0.0772 * (1.746)
Fcf	1.781 (0.372)	0.271 (0.813)	1.899 (0.384)	0.373 (1.124)
Eps	0.511 (0.905)	-0.0412 (-1.047)	0.446 (0.691)	-0.0676 (-1.563)
Constant	19.65 *** (18.13)	0.291 *** (3.860)	19.58 *** (17.10)	0.336 *** (4.372)
Observations	30	30	30	30
R-Squared	0.137	0.351	0.130	0.392

注：表中数据为各自变量的回归系数，括号内的数字为 T 检验值，***、** 和 * 分别表示 0.01、0.05 和 0.1 的显著性水平。

资料来源：CSMAR 数据库、同花顺数据库和迪博数据库。

结果显示，控制活动与公开增发融资金额显著负相关，表明企业在控制活动方面做得越完善，在公开增发融资时考虑因素越多，公开增发融资金额越小。内部环境、风险评估、信息与沟通、内部监督均与公开增发融资规模不相关。

4.4.5 内部控制对企业定向增发融资规模的影响

（1）相关性分析。对内部控制与企业定向增发融资规模的相关性分析如表 4 – 36 所示，结果显示内部控制与企业定向增发融资金额为显著正相关关系，内部控制水平越高，企业获得的定向增发融资金额越大，内部控制与定向增发融资比例显著负相关，表明企业在内部控制水平较高的水平，虽然能够获得更多融资规模，但占总资产的比例变小，融资觉得变得更加谨慎，会严格控制定向增发融资金额占总资产的比例。

表 4 – 36　　内部控制与企业定向增发融资规模相关系数（全样本）

变量	Private1	Private2	IC1	IC2	Sholder	Qyxz
Private1	1					
Private2	0. 167 ***	1				
IC1	0. 128 ***	– 0. 100 ***	1			
IC2	0. 042	– 0. 077 ***	0. 139 ***	1		
Sholder	0. 151 ***	– 0. 054 **	0. 111 ***	0. 060 **	1	
Qyxz	0. 258 ***	– 0. 068 **	0. 118 ***	0. 058 **	0. 173 ***	1

注：表中 ***、** 和 * 分别表示 0.01、0.05 和 0.1 的显著性水平。
资料来源：CSMAR 数据库、同花顺数据库和迪博数据库。

此外，控股股东持股比例、企业性质与定向增发融资金额显著正相关，与定向增发融资比例显著负相关。

研究内部控制对定向增发融资的影响时，只选取了进行定向增发融资的样本。

对内部控制五要素与企业定向增发融资规模的相关性分析如表 4 – 37 所示，结果显示，内部环境与定向增发融资显著正相关，如果企业内部环境越完善，企业能获得更大规模和更大比例的定向增发融资。

风险评估和内部监督指数和企业定向增发融资比例显著负相关，显示企业风险评估水平和内部监督工作越严格，企业通过定向增发融资获得的融资占总资产比例越小，从而降低企业成本和风险。

（2）内部控制对企业定向增发融资规模的影响。表 4 – 38 和表 4 – 39 为模型（4.1）的回归结果，检验内部控制对企业定向增发融资规模的影响，分别为全样本企业、国有企业和非国有企业样本的回归结果。

表 4 – 37　　内部控制五要素与企业定向增发融资规模相关系数（全样本）

变量	Private1	Private2	Envir	Risk	Act	Infor	Superv
Private1	1						
Private2	0. 167 ***	1					
Envir	0. 098 ***	0. 080 ***	1				
Risk	− 0. 051 *	− 0. 138 ***	− 0. 480 ***	1			
Act	− 0. 018	− 0. 025	0. 108 ***	0. 166 ***	1		
Infor	− 0. 004	− 0. 021	0. 285 ***	0. 021	0. 188 ***	1	
Superv	0. 019	− 0. 110 ***	− 0. 377 ***	0. 592 ***	0. 137 ***	− 0. 011	1

注：表中 *** 、** 和 * 分别表示 0.01、0.05 和 0.1 的显著性水平。
资料来源：CSMAR 数据库、同花顺数据库和迪博数据库。

表 4 – 38　　内部控制对企业定向增发融资规模的影响（内部控制指数）

变量	全样本		国有企业		非国有企业	
	Private1	Private2	Private1	Private2	Private1	Private2
IC1	0. 0717 **	− 0. 0135 ***	0. 266 ***	− 0. 0169 **	− 0. 0549	− 0. 00958
	(2. 120)	(− 2. 644)	(4. 672)	(− 2. 018)	(− 1. 400)	(− 1. 453)
Sholder	0. 0112 ***	− 0. 000367	0. 0111 ***	− 0. 000486	0. 00665 **	− 0. 000151
	(5. 269)	(− 1. 144)	(3. 405)	(− 1. 019)	(2. 485)	(− 0. 336)
Sale	− 0. 000261	− 2. 83e − 05	0. 000687	− 0. 000410	− 0. 000230	− 2. 95e − 05
	(− 1. 152)	(− 0. 830)	(0. 129)	(− 0. 525)	(− 1. 086)	(− 0. 832)
Fcf	− 0. 615	− 0. 186 ***	1. 232 *	− 0. 131	− 1. 763 ***	− 0. 222 **
	(− 1. 466)	(− 2. 955)	(1. 908)	(− 1. 386)	(− 3. 324)	(− 2. 496)
Eps	0. 343 ***	− 0. 00994	− 0. 0541	− 0. 0145	0. 525 ***	0. 000831
	(4. 497)	(− 0. 867)	(− 0. 491)	(− 0. 899)	(5. 281)	(0. 0497)
Constant	19. 40 ***	0. 287 ***	18. 44 ***	0. 307 ***	20. 15 ***	0. 257 ***
	(85. 70)	(8. 431)	(48. 01)	(5. 439)	(76. 19)	(5. 794)
Observations	1327	1327	496	496	808	808
R-Squared	0. 054	0. 020	0. 087	0. 027	0. 049	0. 014

注：表中数据为各自变量的回归系数，括号内的数字为 T 检验值，*** 、** 和 * 分别表示 0.01、0.05 和 0.1 的显著性水平。
资料来源：CSMAR 数据库、同花顺数据库和迪博数据库。

表 4 - 39 内部控制对企业定向增发融资规模的影响（内部控制信息披露指数）

变量	全样本		国有企业		非国有企业	
	Private1	Private2	Private1	Private2	Private1	Private2
IC2	0.00200	-0.00147 **	-0.00162	-0.00140 *	0.000199	-0.00119
	(0.529)	(-2.568)	(-0.340)	(-1.736)	(0.0342)	(-1.428)
Sholder	0.0117 ***	-0.000412	0.00680 **	-0.000158	0.0123 ***	-0.000515
	(5.521)	(-1.284)	(2.539)	(-0.348)	(3.713)	(-1.078)
Sale	-0.000273	-2.75e-05	-0.000222	-2.92e-05	0.00176	-0.000583
	(-1.202)	(-0.801)	(-1.050)	(-0.816)	(0.322)	(-0.742)
Fcf	-0.580	-0.195 ***	-1.760 ***	-0.240 ***	1.001	-0.123
	(-1.382)	(-3.083)	(-3.327)	(-2.686)	(1.519)	(-1.295)
Eps	0.384 ***	-0.0185 *	0.490 ***	-0.00554	0.137	-0.0267 *
	(5.365)	(-1.707)	(5.130)	(-0.344)	(1.316)	(-1.777)
Constant	19.78 ***	0.251 ***	19.85 ***	0.243 ***	20.13 ***	0.238 ***
	(138.3)	(11.62)	(112.6)	(8.169)	(88.83)	(7.283)
Observations	1331	1331	811	811	496	496
R-Squared	0.051	0.021	0.047	0.016	0.046	0.023

注：表中数据为各自变量的回归系数，括号内的数字为 T 检验值，*** 、** 和 * 分别表示 0.01、0.05 和 0.1 的显著性水平。

资料来源：CSMAR 数据库、同花顺数据库和迪博数据库。

结果显示内部控制与企业定向增发融资金额为显著正相关关系，全样本和国有企业内部控制水平越高，企业获得的定向增发融资金额越大，内部控制与定向增发融资比例显著负相关，表明企业在内部控制水平较高的水平，虽然能够获得更多融资规模，但占总资产的比例变小，融资觉得变得更加谨慎，会严格控制定向增发融资金额占总资产的比例。非国有企业中内部控制与企业定向增发融资规模没有显著关系。

（3）内部控制五要素对企业定向增发融资规模影响的回归分析。表 4 -40、表 4 -41、表 4 -42、表 4 -43、表 4 -44 为模型（4.2）的回归结果，检验内部控制五要素对企业定向增发融资规模的影响，分别为全样本企业、国有企业和非国有企业样本的回归结果。

结果显示，内部环境与定向增发融资显著正相关，如果企业内部环境越完善，企业越能获得更大规模的定向增发融资。风险评估和内部监督指数和企业定向增发融资比例显著负相关，显示企业风险评估水平和内部监督工作越严格，企业通过定向增发融资获得的融资占总资产比例越小，从而降低企业成本和风险。

表 4 - 40　　　　　　　　内部环境对企业定向增发融资规模的影响

变量	全样本		国有企业		非国有企业	
	Private1	Private2	Private1	Private2	Private1	Private2
Envir	0.0153 **	0.00360 ***	0.0140	0.00285 *	0.00215	0.00478 ***
	(2.282)	(3.570)	(1.289)	(1.826)	(0.263)	(3.466)
Sholder	0.0116 ***	-0.000513	0.0123 ***	-0.000575	0.00674 **	-0.000238
	(5.448)	(-1.603)	(3.720)	(-1.208)	(2.517)	(-0.529)
Sale	-0.000273	-2.54e-05	0.00218	-0.000387	-0.000221	-2.84e-05
	(-1.205)	(-0.743)	(0.402)	(-0.494)	(-1.044)	(-0.798)
Fcf	-0.572	-0.191 ***	1.009	-0.115	-1.759 ***	-0.238 ***
	(-1.367)	(-3.024)	(1.535)	(-1.213)	(-3.324)	(-2.679)
Eps	0.362 ***	-0.0253 **	0.114	-0.0314 **	0.485 ***	-0.0144
	(5.006)	(-2.322)	(1.080)	(-2.061)	(5.040)	(-0.889)
Constant	19.75 ***	0.181 ***	20.03 ***	0.177 ***	19.78 ***	0.169 ***
	(222.0)	(13.45)	(129.9)	(7.949)	(185.2)	(9.431)
Observations	1331	1331	496	496	811	811
R-Squared	0.055	0.025	0.049	0.025	0.047	0.026

注：表中数据为各自变量的回归系数，括号内的数字为 T 检验值，*** 、** 和 * 分别表示 0.01、0.05 和 0.1 的显著性水平。

资料来源：CSMAR 数据库、同花顺数据库和迪博数据库。

表 4 - 41　　　　　　　　风险评估对企业定向增发融资规模的影响

变量	全样本		国有企业		非国有企业	
	Private1	Private2	Private1	Private2	Private1	Private2
Risk	-0.0144	-0.00910 ***	-0.00502	-0.00881 ***	-0.0158	-0.00984 ***
	(-1.255)	(-5.288)	(-0.285)	(-3.505)	(-1.097)	(-4.080)
Sholder	0.0118 ***	-0.000453	0.0124 ***	-0.000459	0.00678 **	-0.000186
	(5.562)	(-1.425)	(3.737)	(-0.971)	(2.536)	(-0.414)
Sale	-0.000275	-2.56e-05	0.00178	-0.000408	-0.000221	-2.83e-05
	(-1.210)	(-0.751)	(0.327)	(-0.526)	(-1.047)	(-0.798)
Fcf	-0.566	-0.183 ***	1.006	-0.105	-1.757 ***	-0.238 ***
	(-1.348)	(-2.911)	(1.529)	(-1.117)	(-3.323)	(-2.681)

续表

变量	全样本		国有企业		非国有企业	
	Private1	Private2	Private1	Private2	Private1	Private2
Eps	0. 377 ***	− 0. 0252 **	0. 132	− 0. 0352 **	0. 481 ***	− 0. 0114
	(5. 244)	(− 2. 336)	(1. 253)	(− 2. 336)	(5. 036)	(− 0. 714)
Constant	19. 93 ***	0. 255 ***	20. 17 ***	0. 243 ***	19. 88 ***	0. 255 ***
	(199. 4)	(17. 00)	(130. 2)	(11. 00)	(161. 0)	(12. 31)
Observations	1331	1331	496	496	811	811
R-Squared	0. 052	0. 036	0. 046	0. 043	0. 048	0. 032

注：表中数据为各自变量的回归系数，括号内的数字为 T 检验值，*** 、** 和 * 分别表示0. 01、0. 05 和 0. 1 的显著性水平。

资料来源：CSMAR 数据库、同花顺数据库和迪博数据库。

表 4 - 42　　　　　　　控制活动对企业定向增发融资规模的影响

变量	全样本		国有企业		非国有企业	
	Private1	Private2	Private1	Private2	Private1	Private2
Act	− 0. 0156 *	− 0. 00111	− 0. 0113	0. 000679	− 0. 0201 *	− 0. 00176
	(− 1. 713)	(− 0. 803)	(− 0. 705)	(0. 293)	(− 1. 933)	(− 0. 998)
Sholder	0. 0119 ***	− 0. 000451	0. 0125 ***	− 0. 000578	0. 00686 **	− 0. 000193
	(5. 601)	(− 1. 403)	(3. 773)	(− 1. 206)	(2. 570)	(− 0. 427)
Sale	− 0. 000273	− 2. 57e − 05	0. 00162	− 0. 000470	− 0. 000219	− 2. 77e − 05
	(− 1. 204)	(− 0. 748)	(0. 298)	(− 0. 599)	(− 1. 035)	(− 0. 775)
Fcf	− 0. 579	− 0. 193 ***	1. 009	− 0. 117	− 1. 768 ***	− 0. 240 ***
	(− 1. 382)	(− 3. 044)	(1. 534)	(− 1. 234)	(− 3. 350)	(− 2. 678)
Eps	0. 390 ***	− 0. 0193 *	0. 137	− 0. 0267 *	0. 497 ***	− 0. 00621
	(5. 455)	(− 1. 778)	(1. 315)	(− 1. 770)	(5. 215)	(− 0. 385)
Constant	19. 96 ***	0. 213 ***	20. 22 ***	0. 195 ***	19. 95 ***	0. 213 ***
	(193. 6)	(13. 61)	(118. 9)	(7. 927)	(163. 4)	(10. 28)
Observations	1331	1331	496	496	811	811
R-Squared	0. 053	0. 016	0. 047	0. 019	0. 051	0. 013

注：表中数据为各自变量的回归系数，括号内的数字为 T 检验值，*** 、** 和 * 分别表示0. 01、0. 05 和 0. 1 的显著性水平。

资料来源：CSMAR 数据库、同花顺数据库和迪博数据库。

表 4 – 43　　　　　　　信息与沟通对企业定向增发融资规模的影响

变量	全样本		国有企业		非国有企业	
	Private1	Private2	Private1	Private2	Private1	Private2
Infor	– 0. 0183	– 0. 00308	– 0. 0529	– 0. 00233	– 0. 00666	– 0. 00304
	(– 0. 735)	(– 0. 817)	(– 1. 383)	(– 0. 422)	(– 0. 215)	(– 0. 579)
Sholder	0. 0118 ***	– 0. 000460	0. 0126 ***	– 0. 000557	0. 00674 **	– 0. 000210
	(5. 548)	(– 1. 431)	(3. 796)	(– 1. 165)	(2. 517)	(– 0. 463)
Sale	– 0. 000271	– 2. 51e – 05	0. 00142	– 0. 000491	– 0. 000219	– 2. 72e – 05
	(– 1. 191)	(– 0. 729)	(0. 262)	(– 0. 626)	(– 1. 035)	(– 0. 758)
Fcf	– 0. 605	– 0. 197 ***	0. 925	– 0. 120	– 1. 767 ***	– 0. 243 ***
	(– 1. 438)	(– 3. 099)	(1. 404)	(– 1. 259)	(– 3. 331)	(– 2. 703)
Eps	0. 390 ***	– 0. 0189 *	0. 144	– 0. 0264 *	0. 490 ***	– 0. 00618
	(5. 431)	(– 1. 743)	(1. 382)	(– 1. 750)	(5. 120)	(– 0. 382)
Constant	19. 89 ***	0. 211 ***	20. 25 ***	0. 204 ***	19. 81 ***	0. 206 ***
	(209. 0)	(14. 66)	(136. 0)	(9. 474)	(168. 9)	(10. 40)
Observations	1331	1331	496	496	811	811
R-Squared	0. 051	0. 016	0. 050	0. 019	0. 047	0. 012

注：表中数据为各自变量的回归系数，括号内的数字为 T 检验值，***、** 和 * 分别表示 0.01、0.05 和 0.1 的显著性水平。

资料来源：CSMAR 数据库、同花顺数据库和迪博数据库。

表 4 – 44　　　　　　　内部监督对企业定向增发融资规模的影响

变量	全样本		国有企业		非国有企业	
	Private1	Private2	Private1	Private2	Private1	Private2
Superv	0. 00539	– 0. 00407 ***	– 0. 00171	– 0. 00335 **	0. 0109	– 0. 00432 ***
	(0. 825)	(– 4. 142)	(– 0. 168)	(– 2. 290)	(1. 342)	(– 3. 164)
Sholder	0. 0117 ***	– 0. 000417	0. 0123 ***	– 0. 000543	0. 00653 **	– 0. 000117
	(5. 530)	(– 1. 304)	(3. 729)	(– 1. 143)	(2. 440)	(– 0. 259)
Sale	– 0. 000268	– 3. 15e – 05	0. 00166	– 0. 000638	– 0. 000207	– 3. 36e – 05
	(– 1. 178)	(– 0. 922)	(0. 304)	(– 0. 815)	(– 0. 976)	(– 0. 943)
Fcf	– 0. 578	– 0. 196 ***	0. 990	– 0. 134	– 1. 768 ***	– 0. 235 ***
	(– 1. 379)	(– 3. 112)	(1. 501)	(– 1. 417)	(– 3. 345)	(– 2. 641)
Eps	0. 390 ***	– 0. 0225 **	0. 136	– 0. 0294 *	0. 496 ***	– 0. 0103
	(5. 434)	(– 2. 085)	(1. 299)	(– 1. 957)	(5. 201)	(– 0. 638)

续表

变量	全样本		国有企业		非国有企业	
	Private1	Private2	Private1	Private2	Private1	Private2
Constant	19.79 *** (196.4)	0.245 *** (16.14)	20.16 *** (121.3)	0.234 *** (9.813)	19.69 *** (162.8)	0.240 *** (11.81)
Observations	1331	1331	496	496	811	811
R-Squared	0.051	0.028	0.046	0.029	0.049	0.024

注：表中数据为各自变量的回归系数，括号内的数字为 T 检验值，*** 、** 和 * 分别表示 0.01、0.05 和 0.1 的显著性水平。

资料来源：CSMAR 数据库、同花顺数据库和迪博数据库。

4.5　本章小结

本章具体分析内部控制对企业总股权融资、IPO 融资、配股、公开增发和定向增发融资的影响，针对不同的股权融资方式，选取不同样本进行分析，具体研究结果如下：

（1）内部控制对企业股权融资规模的影响。全样本和国有企业内部控制与企业股权融资金额为显著正相关关系，内部控制水平越高，企业获得的股权融资金额越大，内部控制与股权融资比例显著负相关，表明企业在内部控制水平较高时，虽然能够获得更多融资规模，但占总资产的比例变小，融资决策变得更加谨慎，严格控制股权融资金额占总资产的比例。非国有企业内部控制对股权融资规模没有影响，表明在我国股权融资采用审核制的背景下，非国有企业的内部控制水平并不能直接影响股权融资规模。

内部环境和信息与沟通同企业股权融资规模显著负相关，这两项指数越高，企业的管理水平和管理效率越高，企业的股权融资规模和比例越低，企业可以减少股权融资的非效率行为，降低融资成本。控制活动与股权融资规模无显著关系，风险评估和内部监督指数和企业股权融资规模显著正相关，显示企业风险评估水平和内部监督工作越严格，越能够控制融资风险，企业从而能够获得更多的股权融资。

（2）内部控制对企业 IPO 融资的影响。全样本和非国有企业内部控制信息披情况与企业 IPO 融资比例为显著正相关关系，表明内部控制水平越高，企业获得的 IPO 融资金额占总资产的比例越大，内部控制信息披露指数与企业 IPO 融资金额无显著关系。国有企业中内部控制与 IPO 融资金额负相关，与融资金额占总资产的比例显著正相关，表明国有企业 IPO 融资时，内部控制越好，绝对融资数额会减少，但融资金额和总资产的比例会增加。

内部环境、信息与沟通同企业 IPO 融资规模显著正相关，这两项指数越高，企业的管理水平和管理效率越高，企业的 IPO 比率越高，企业的高效率运营可以满足 IPO 融资的严格监管和审核。风险评估和内部监督指数同企业 IPO 融资显著负相关，显示企业风险评估水平和内部监督工作越严格，企业在进行 IPO 融资时越谨慎。

企业内部控制与企业 IPO 首日市盈率为显著正相关关系，内部控制水平越高，企业 IPO 首发市盈率越高，表明有效的内部控制体现了企业高效的经营和管理能力，投资者对企业会有正面的预期，企业的股票会有比较高的定价。内部控制与 IPO 首日涨跌幅没有显著关系。

内部环境、控制活动及信息与沟通三项指数与企业 IPO 市盈率显著正相关，这三项指数越高，企业的管理水平和管理效率越高，资本市场对公司的经营更加看好，上市公司的股票定价越高。风险评估和内部监督指数和企业 IPO 首日市盈率显著负相关，与首日涨跌幅显著正相关，显示企业风险评估水平和内部监督工作越严格，企业在进行 IPO 融资时越会使市盈率稳定在一定的水平，而不会使市盈率太高，风险评估和内部监督比较好的公司，本身是运营能力好的公司，在上市后会向股票市场传递正面信息，投资者会更看好公司的发展，使得上市首日的涨跌幅越高。

（3）内部控制对企业配股融资规模的影响。内部控制与企业配股融资金额为显著正相关关系，表明内部控制水平越高，企业获得的配股融资金额越大；与相关性分析比较，增加了控制变量之后，内部控制与企业配股融资比例不再有显著的负相关关系。此外，企业自由现金流越多，配股融资金额越小，企业可能更多用自有资金满足经营需求。

控制活动与配股融资金额显著负相关，表明企业在控制活动方面做得越完善，配股融资决策考虑因素越多，配股融资规模越小。内部环境、风险评估、信息与沟通、内部监督均与配股融资规模不相关。

（4）内部控制对企业公开增发融资规模的影响。内部控制与企业公开增发融资金额为显著正相关关系，表明内部控制水平越高，企业获得的公开增发融资金额越大；内部控制与企业公开增发融资比例没有显著关系。

控制活动与公开增发融资金额显著负相关，表明企业在控制活动方面做得越完善，在公开增发融资时考虑因素越多，公开增发融资金额越小。内部环境、风险评估、信息与沟通、内部监督均与公开增发融资规模不相关。

（5）内部控制对企业定向增发融资规模的影响。内部控制与企业定向增发融资金额为显著正相关关系，全样本和国有企业内部控制水平越高，企业获得的定向增发融资金额越大，内部控制与定向增发融资比例显著负相关，表明企业在内部控制水平较高的水平，虽然能够获得更多融资规模，但占总资产的比例变小，融资觉得变得更加谨慎，会严格控制定向增发融资金额占总资产的比例。非国有企业中内部控制与企业定向增发融资规模没有显著关系。

内部环境与定向增发融资显著正相关，如果企业内部环境越完善，企业越能获得更大规模的定向增发融资。风险评估和内部监督指数和企业定向增发融资比例显著负相关，显示企业风险评估水平和内部监督工作越严格，企业通过定向增发融资获得的融资占总资产比例越小，从而降低企业成本和风险。

第5章 内部控制对资本结构的影响研究

5.1 引言

高质量的内部控制能够减少企业的代理问题，企业的公司治理完善，运营和发展良好，财务决策准确高效，企业高管不会因为私利而进行非效率投资、非效率融资。中小股东利益受到保护，控股股东为了公司利益最大化决策。同时，高质量的内部控制降低了企业与债权人和投资者之间的信息不对称，保障了财务报告的高质量，债权人和投资者能够更全面地获得企业信息，了解企业的发展状况，更科学地做出决策。

企业资本结构是企业重要的决策，直接影响企业的生存与发展，从经典的 MM 资本结构无关论，到现在为止，出现了很多有代表性的资本结构理论，如代理理论、权衡理论等，这些理论从不同的角度研究了资本结构。在现实企业的经营条件下，企业的资本结构受到多种因素的影响，内部控制涉及企业经营的方方面面，企业的内部控制水平高低，是否会对企业资本结构产生影响？本章将具体研究内部控制对企业资本结构的影响。

前面两章分别分析了内部控制对企业债务融资和股权融资的影响，本章将从综合的角度，进一步研究内部控制对总融资规模和资本结构的影响。总融资包括债务融资和股权融资，资本结构为企业债务融资和股权融资的比例关系。前面分析认为企业的内部控制越好，越有利于企业进行融资，本章将从企业的总体融资的角度分析，企业内部控制越好，企业是更倾向于债务融资还是股权融资，以及对二者的比例如何影响。

书中将首先研究内部控制对总融资规模的影响，在此基础上探讨内部控制对资本结构的影响。在我国，无论是债务融资还是股权融资，国有企业和非国有企业有明显差异，在研究中会单独分为国有企业和非国有企业研究内部控制对资本结构的影响。本章的研究将拓宽内部控制对企业融资的内容，丰富资本结构的研究成果。

本章其余部分的结构安排如下：5.2 是文献回顾及研究假设；5.3 是数据来源及研究设计；5.4 是实证检验结果；分内部控制对企业总融资规模和企业资本结构的影响两部分；5.5 是本章小结。

5.2　文献回顾及研究假设

唐国正等（2006）对资本结构理论进行了回顾，文章梳理了从 MM 定理、静态平衡理论、不对称信息理论和代理理论在资本结构里的应用、产品市场和控制权市场驱动的资本结构理论以及到目前为止文献最多的基于实证分析的资本结构研究。已有学者从多角度研究了企业资本结构的影响因素和资本结构对企业绩效的影响（苏东蔚等，2009；黄继承等2016）。

林钟高等（2009）通过实证研究内部控制信息披露对公司价值的影响时，发现企业内部控制信息披露水平与资产负债率显著正相关。邵春燕等（2014）对内部控制与资本结构关系的机理进行了阐述，认为资本结构与内部控制相互影响。郝东洋等（2015）通过实证分析了内部控制与资本结构动态调整的关系，企业内控控制质量越高，资本结构与目标资本结构越接近，偏离最优资本结构时，调整速度越快。唐丽红等（2018）指出企业内部控制水平越好，企业管理效率越高，资本结构调整速度越快；在资产负债率比较高的企业更明显。

内部控制作为企业运营整体的体现，其水平越高，将越利于企业的发展，促进企业对所需资源的获得。高质量的内部控制表明了企业财务信息的准确性、财务决策的高效性、管理的科学性，将受到债权人和投资者的青睐，在企业进行融资时，可以获得更大规模的融资金额。

前面章节分析，企业内部控制水平越高，债务融资规模和股权融资规模越大，当企业同时拥有股权融资和债务融资时，内部控制水平越高，企业会更倾向于债务融资还是股权融资？虽然股权融资相比债务融资成本高，时间长，手续复杂，但股权融资还款风险小，我国企业存在股权融资倾向，所以企业在相同的机会下，更多选择股权融资。故提出以下假设：

假设1：内部控制与企业总融资规模正相关

假设2：内部控制与企业资产负债率负相关

5.3 数据来源及研究设计

5.3.1 样本选取

《企业内部控制基本规范》2009年7月开始开始实施，为保持样本数据和内部控制要求的一致性，故选取样本区间为2010～2015年，选取全部A股公司，样本筛选如下：（1）剔除金融业样本；（2）删除财务指标数据不全样本；（3）剔除ST公司。

其中，财务数据选自CSMAR数据库和同花顺数据库，内部控制指数、内部控制信息披露指数、内部环境、风险评估、控制活动、信息与沟通、内部监督等来自于迪博数据库。

5.3.2 变量界定与模型设计

1. 被解释变量

（1）总融资规模。总融资规模主要衡量企业获得的融资数额，包括债务融资和股权融资。本书债务融资只考虑银行借款额度，参考孙铮等（2006）指标，公司期初和期末长短期贷款（包括长期借款、短期借款和一年内将要到期的长期借款）的差额来衡量债务融资规模，股权融资规模为企业当年通过IPO、配股、公开增发和定向增发获得的融资额。

由两个指标衡量，一个是债务融资加股权融资的对数，一个是债务融资与股权融资之和再除以总资产。

（2）资本结构。资本结构衡量企业股权资本和债务资本的比例，用资产负债率衡量，即总负债除以总资产。

2. 解释变量

（1）内部控制。内部控制衡量一个企业内部控制水平的高低，借鉴已有文献逯东等（2014）、林斌等（2015），本书使用的数据来自迪博公司。选用内部控制指数和内部控制信息披露指数两个变量衡量内部控制。

• 内部控制指数是迪博公司基于内部控制五大目标设计的衡量指数，反映企业的内部控制水平，自 2011 年开始发布，对 2000 年以来上市公司历年的内部控制水平进行了衡量。借鉴相关学者的已有研究，在标准化方面采用了内部控制指数除以 100 的方式。

• 内部控制信息披露指数。内部控制信息披露指数是迪博公司根据上市公司披露的年报和内部控制评价报告，开发设计的衡量内部控制信息披露状况的指数。

指数衡量自 2007 年以来的上市公司信息披露情况，包含一级指标、二级指标和三级指标三个层次。

（2）内部控制五要素指数。内部控制包括内部环境、风险评估、控制活动、信息与沟通、内部监督五要素。本书采用迪博公司的内部控制五要素衡量。

• 内部环境，按照迪博公司的内部控制评价体系，计算内部环境相关指标的得分，取值在 0 ~ 24 之间。

• 风险评估，按照迪博公司的评价体系，风险评估相关指标的评分进行计算得出，取值在 0 ~ 11 之间。

• 控制活动，按照迪博公司的评价体系，控制活动相关指标的评分进行计算得出，取值在 0 ~ 14 之间。

• 信息与沟通，按照迪博公司的评价体系，信息与沟通相关指标的评分进行计算得出，取值在 0 ~ 6 之间。

• 内部监督，按照迪博公司的评价体系，内部监督相关指标的评分进行计算得出，取值在 0 ~ 16 之间。

3. 控制变量

在进行研究时，除解释变量外，仍存在一些因素会影响回归结果，在分析时需要对这些因素进行控制。本书选用了如下控制变量：控股股东持股比例代表公司治理因素，主营业务收入增长率衡量企业的成长机会；自由现金流变量，控制企业现金对债务融资的影响；每股收益用来表示企业的盈利能力。

具体变量名称及计算如表 5 − 1 所示。

表 5 −1　　　　　　　　　　　　主要变量定义

变量	变量名称	变量定义
Fin	总融资规模	Fin1，公司期初和期末长短期贷款（包括长期借款、短期借款和一年内将要到期的长期借款）的差额＋当年股权融资，再取对数。 Fin2，公司期初和期末长短期贷款（包括长期借款、短期借款和一年内将要到期的长期借款）的差额＋当年股权融资，再除以总资产
Jg	资本结构	资产负债率，总负债/总资产
IC	内部控制指数	IC1，内部控制指数，表示企业内部控制的情况，采用"迪博·中国上市公司内部控制指数"除以 100 予以标准化。 IC2，内部控制信息披露指数，衡量上市公司内部控制的信息披露状况
Envir	内部环境	上市公司内部环境指标的得分，数据来自迪博·中国上市公司内部控制信息披露指数库
Risk	风险评估	上市公司风险评估指标的得分，数据来自迪博·中国上市公司内部控制信息披露指数库
Act	控制活动	上市公司控制活动指标的得分，数据来自迪博·中国上市公司内部控制信息披露指数库
Infor	信息与沟通	上市公司信息与沟通指标的得分，数据来自迪博·中国上市公司内部控制信息披露指数库
Superv	内部监督	上市公司内部监督指标的得分，数据来自迪博·中国上市公司内部控制信息披露指数库
Sholder	控股股东持股比例	直接控股股东的持股比例

变量	变量名称	变量定义
Sale	主营业务收入增长率	表示企业的成长机会，（本年主营业务收入 – 上年主营业务收入）/上年主营业务收入
Fcf	自由现金流变量	经营活动现金流量/总资产
Eps	每股收益	等于净利润/股东权益平均余额，股东权益平均余额 =（股东权益期末余额 + 股东权益期初余额）/2
Qyxz	企业性质	若企业为国有企业取 1，为非国有企业取 0

4. 模型设计

模型（5.1）检验内部控制对企业总融资规模的影响，如下所示：

$$Fin = \alpha_0 + \alpha_1 IC + \alpha_2 Sholder + \alpha_3 Sale + \alpha_4 Fcf + \alpha_5 Eps + \varepsilon \qquad (5.1)$$

其中，IC 表示内部控制指数，IC1 为内部控制指数，IC2 为内部控制信息披露指数，其他变量含义如表 5 – 1 所示。

模型（5.2）检验内部控制五要素分别对企业总融资规模的影响，如下所示：

$$Fin = \alpha_0 + \alpha_1 FACT + \alpha_2 Sholder + \alpha_3 Sale + \alpha_4 Fcf + \alpha_5 Eps + \varepsilon \qquad (5.2)$$

其中，FACT 表示内部控制五要素指数，代替变量 Envir、Risk、Act、Infor、Superv 分别表示内部环境、风险评估、控制活动、信息与沟通、内部监督。其他变量含义如表 5 – 1 所示。

模型（5.3）检验内部控制对企业资本结构的影响，如下所示：

$$Jg = \alpha_0 + \alpha_1 IC + \alpha_2 Sholder + \alpha_3 Sale + \alpha_4 Fcf + \alpha_5 Eps + \varepsilon \qquad (5.3)$$

其中，IC 表示内部控制指数，IC1 为内部控制指数，IC2 为内部控制信息披露指数，其他变量含义如表 5 – 1 所示。

模型（5.4）检验内部控制五要素分别对资本结构的影响，如下所示：

$$Jg = \alpha_0 + \alpha_1 FACT + \alpha_2 Sholder + \alpha_3 Sale + \alpha_4 Fcf + \alpha_5 Eps + \varepsilon \qquad (5.4)$$

其中，FACT 表示内部控制五要素指数，代替变量 Envir、Risk、Act、Infor、Superv 分别表示内部环境、风险评估、控制活动、信息与沟通、内部监督。其他变量含义见表 5 – 1。

5.4　实证检验结果

5.4.1　内部控制对企业总融资规模的影响

（1）相关性分析。内部控制与企业总融资规模的相关性分析如表 5 - 2 所示，结果显示内部控制指数与企业总融资规模显著正相关，表明企业内部控制水平越高，企业越能够获得更多融资资金，但内部控制信息披露指数越高，企业的总融资越少，表明企业内部控制披露指数越高，企业的整体融资越谨慎。控股股东持股比例、企业性质和企业总融资显著正相关。

表 5 - 2　　　　　内部控制与企业总融资规模相关系数（全样本）

变量	Fin1	Fin2	IC11	IC2	Sholder	Qyxz
Fin1	1					
Fin2	0. 423 ***	1				
IC11	0. 180 ***	0. 022 **	1			
IC2	− 0. 018 *	− 0. 031 ***	0. 156 ***	1		
Sholder	0. 034 ***	0. 015 *	0. 129 ***	0. 052 ***	1	
Qyxz	0. 260 ***	0. 003	0. 064 ***	− 0. 004	0. 112 ***	1

注：表中 ***、** 和 * 分别表示 0. 01、0. 05 和 0. 1 的显著性水平。
资料来源：CSMAR 数据库、同花顺数据库和迪博数据库。

对内部控制五要素与企业总融资规模的相关性分析如表 5 - 3 所示，结果显示内部环境、控制活动、信息与沟通指数与企业融资金额显著负相关，表明企业这三个方面越完善，企业有更少的外部融资金额，但同时内部环境与总融资比例显著正相关，即虽然获得融资金额降低，但占总资产比例是上升的。风险评估水平和内部监督工作越严格，企业能够获得更多的总融资越多，但是总融资占总资产的比例下降，表明企业严格控制和监督企业的风险，在增加融资的同时，严格控制融资占总资产的比重。

表 5 – 3 内部控制五要素与企业总融资规模相关系数（全样本）

变量	Fin1	Fin2	Envir	Risk	Act	Infor	Superv
Fin1	1						
Fin2	0. 423 ***	1					
Envir	− 0. 060 ***	0. 021 **	1				
Risk	0. 040 ***	− 0. 044 ***	− 0. 374 ***	1			
Act	− 0. 084 ***	− 0. 027 ***	0. 189 ***	0. 284 ***	1		
Infor	− 0. 054 ***	0. 002	0. 428 ***	0. 066 ***	0. 317 ***	1	
Superv	0. 072 ***	− 0. 035 ***	− 0. 403 ***	0. 645 ***	0. 217 ***	− 0. 056 ***	1

注：表中 ***、** 和 * 分别表示 0. 01、0. 05 和 0. 1 的显著性水平。
资料来源：CSMAR 数据库、同花顺数据库和迪博数据库。

（2）内部控制对企业总融资规模影响的回归分析。表 5 – 4 和表 5 – 5 为模型（5.1）的回归结果，检验内部控制对企业总融资规模的影响，分别为全样本企业、国有企业和非国有企业样本的回归结果。回归结果中用内部控制指数和内部信息披露指数衡量内部控制，结果显示内部控制指数与企业总融资规模显著正相关，表明企业内部控制水平越高，企业能够获得更多融资资金，但内部控制信息披露指数越高，企业的总融资比例越少，表明企业内部控制披露指数越高，企业的整体融资越谨慎。

表 5 – 4 内部控制对企业总融资规模的影响（内部控制指数）

变量	全样本		国有企业		非国有企业	
	Fin1	Fin2	Fin1	Fin2	Fin1	Fin2
IC11	0. 312 ***	0. 0109 ***	0. 397 ***	0. 0141 ***	0. 194 ***	0. 00852 ***
	(13. 60)	(6. 576)	(11. 82)	(6. 395)	(6. 173)	(3. 435)
Sholder	0. 0127 ***	− 4. 52e−05	0. 0186 ***	− 0. 000387 ***	0. 000494	0. 000180
	(8. 864)	(− 0. 433)	(8. 558)	(− 2. 708)	(0. 259)	(1. 164)
Sale	0. 000675 ***	7. 35e−05 ***	0. 000880	0. 000123 ***	0. 000708 ***	6. 16e−05 ***
	(2. 790)	(3. 513)	(1. 511)	(2. 636)	(2. 812)	(2. 583)
Fcf	− 3. 590 ***	− 0. 0382 **	− 3. 319 ***	0. 168 ***	− 4. 323 ***	− 0. 267 ***
	(− 12. 11)	(− 2. 078)	(− 6. 938)	(7. 091)	(− 11. 53)	(− 9. 366)
Eps	0. 281 ***	− 0. 00868 ***	0. 136 **	− 0. 0122 ***	0. 358 ***	− 0. 00333
	(6. 599)	(− 2. 857)	(2. 224)	(− 3. 218)	(5. 945)	(− 0. 667)

续表

变量	全样本		国有企业		非国有企业	
	Fin1	Fin2	Fin1	Fin2	Fin1	Fin2
Constant	16. 81 ***	0. 00192	16. 47 ***	− 0. 0144	17. 67 ***	0. 0159
	(108. 8)	(0. 173)	(71. 75)	(− 0. 954)	(83. 45)	(0. 962)
Observations	7793	11024	3350	4849	4297	5977
R-squared	0. 063	0. 005	0. 085	0. 021	0. 046	0. 018

注：表中数据为各自变量的回归系数，括号内的数字为 T 检验值，***、** 和 * 分别表示0.01、0.05 和 0.1 的显著性水平。

资料来源：CSMAR 数据库、同花顺数据库和迪博数据库。

表 5 – 5　内部控制对企业总融资规模的影响（内部控制信息披露指数）

变量	全样本		国有企业		非国有企业	
	Fin1	Fin2	Fin1	Fin2	Fin1	Fin2
IC2	− 0. 00427	− 0. 00210 ***	− 0. 00272	− 0. 00299 ***	− 0. 00167	− 0. 00122 ***
	(− 1. 428)	(− 11. 95)	(− 0. 710)	(− 12. 30)	(− 0. 388)	(− 4. 811)
Sholder	0. 00920 ***	3. 77e − 05	0. 0217 ***	− 0. 000252 *	− 0. 00923 ***	0. 000133
	(5. 365)	(0. 384)	(9. 463)	(− 1. 821)	(− 3. 836)	(0. 943)
Sale	0. 000614 *	5. 73e − 05 ***	− 0. 000555	5. 88e − 05	0. 000874 **	5. 90e − 05 **
	(1. 900)	(2. 621)	(− 0. 477)	(0. 692)	(2. 577)	(2. 556)
Fcf	− 2. 926 ***	− 0. 0380 **	− 3. 177 ***	0. 173 ***	− 3. 817 ***	− 0. 253 ***
	(− 8. 355)	(− 2. 188)	(− 6. 292)	(7. 501)	(− 8. 167)	(− 9. 733)
Eps	0. 0894 *	− 0. 00170	0. 308 ***	− 0. 00266	− 0. 193 ***	− 0. 000918
	(1. 845)	(− 0. 627)	(5. 025)	(− 0. 767)	(− 2. 677)	(− 0. 214)
Constant	18. 92 ***	0. 134 ***	18. 99 ***	0. 167 ***	19. 11 ***	0. 108 ***
	(164. 7)	(20. 00)	(123. 8)	(17. 29)	(119. 8)	(11. 57)
Observations	8428	11768	3428	4932	4844	6622
R-squared	0. 012	0. 013	0. 040	0. 041	0. 022	0. 019

注：表中数据为各自变量的回归系数，括号内的数字为 T 检验值，***、** 和 * 分别表示0.01、0.05 和 0.1 的显著性水平。

资料来源：CSMAR 数据库、同花顺数据库和迪博数据库。

此外，控股股东持股比例越高，企业总融资规模越大；企业成长性越好，总融资规模越大；企业每股收益越高，总融资规模金额越大，总融资比例越小。

（3）内部控制五要素对企业总融资规模影响的回归分析。表 5 - 6、表 5 - 7、表 5 - 8、表 5 - 9、表 5 - 10 为模型（5.2）的回归结果，检验内部控制五要素对企业总融资规模的影响，分别为全样本企业、国有企业和非国有企业样本的回归结果。结果显示内部环境、控制活动、信息与沟通指数与企业融资金额显著负相关，表明企业这三个方面越完善，企业有更少的融资，但同时内部环境与总融资比例显著正相关，即虽然获得融资金额降低，但占总资产比例是上升的。风险评估水平和内部监督工作越严格，企业能够获得更多的总融资越多，但是总融资占总资产的比例下降，表明企业严格控制和监督企业的风险，在增加融资的同时，严格控制融资占总资产的比重。

表 5 - 6　　　　　　　　　内部环境对企业总融资规模的影响

变量	全样本		国有企业		非国有企业	
	Fin1	Fin2	Fin1	Fin2	Fin1	Fin2
Envir	− 0. 0170 ***	0. 00243 ***	0. 0143 *	0. 00379 ***	− 0. 0475 ***	0. 00123 ***
	（ − 2. 975）	（7. 313）	（1. 756）	（7. 582）	（ − 6. 305）	（2. 779）
Sholder	0. 00945 ***	− 5. 47e − 05	0. 0214 ***	− 0. 000307 **	− 0. 00839 ***	5. 76e − 05
	（5. 503）	（ − 0. 554）	（9. 364）	（ − 2. 198）	（ − 3. 503）	（0. 408）
Sale	0. 000614 *	6. 41e − 05 ***	− 0. 000521	9. 59e − 05	0. 000854 **	6. 22e − 05 ***
	（1. 903）	（2. 920）	（ − 0. 448）	（1. 119）	（2. 528）	（2. 691）
Fcf	− 2. 953 ***	− 0. 0350 **	− 3. 183 ***	0. 168 ***	− 4. 006 ***	− 0. 249 ***
	（ − 8. 431）	（ − 2. 003）	（ − 6. 309）	（7. 202）	（ − 8. 590）	（ − 9. 543）
Eps	0. 101 **	− 0. 00580 **	0. 295 ***	− 0. 00663 *	− 0. 139 *	− 0. 00386
	（2. 076）	（ − 2. 120）	（4. 796）	（ − 1. 887）	（ − 1. 921）	（ − 0. 890）
Constant	18. 94 ***	0. 0497 ***	18. 78 ***	0. 0398 ***	19. 45 ***	0. 0618 ***
	（223. 0）	（10. 20）	（153. 3）	（5. 301）	（174. 2）	（9. 499）
Observations	8428	11768	3428	4932	4844	6622
R-squared	0. 013	0. 006	0. 040	0. 023	0. 030	0. 017

注：表中数据为各自变量的回归系数，括号内的数字为 T 检验值，***、** 和 * 分别表示 0.01、0.05 和 0.1 的显著性水平。

资料来源：CSMAR 数据库、同花顺数据库和迪博数据库。

表 5 – 7　　　　　　　　　　风险评估对企业总融资规模的影响

变量	全样本		国有企业		非国有企业	
	Fin1	Fin2	Fin1	Fin2	Fin1	Fin2
Risk	0. 0224 **	– 0. 00872 ***	0. 00975	– 0. 0120 ***	0. 0574 ***	– 0. 00524 ***
	(2. 395)	(– 16. 02)	(0. 786)	(– 15. 89)	(4. 390)	(– 6. 764)
Sholder	0. 00915 ***	– 1. 15e – 05	0. 0216 ***	– 0. 000220	– 0. 00934 ***	8. 53e – 05
	(5. 342)	(– 0. 118)	(9. 436)	(– 1. 603)	(– 3. 896)	(0. 607)
Sale	0. 000632 *	5. 90e – 05 ***	– 0. 000494	4. 84e – 05	0. 000889 ***	6. 03e – 05 ***
	(1. 955)	(2. 711)	(– 0. 424)	(0. 574)	(2. 628)	(2. 614)
Fcf	– 2. 931 ***	– 0. 0303 *	– 3. 149 ***	0. 170 ***	– 3. 946 ***	– 0. 242 ***
	(– 8. 371)	(– 1. 749)	(– 6. 238)	(7. 450)	(– 8. 444)	(– 9. 302)
Eps	0. 0885 *	– 0. 00534 **	0. 307 ***	– 0. 00672 *	– 0. 176 **	– 0. 00386
	(1. 830)	(– 1. 981)	(5. 011)	(– 1. 957)	(– 2. 447)	(– 0. 902)
Constant	18. 70 ***	0. 108 ***	18. 87 ***	0. 123 ***	18. 81 ***	0. 0952 ***
	(230. 8)	(23. 26)	(171. 4)	(18. 42)	(170. 8)	(14. 70)
Observations	8428	11768	3428	4932	4844	6622
R-squared	0. 013	0. 023	0. 040	0. 059	0. 026	0. 023

注：表中数据为各自变量的回归系数，括号内的数字为 T 检验值，*** 、** 和 * 分别表示 0.01、0. 05 和 0. 1 的显著性水平。

资料来源：CSMAR 数据库、同花顺数据库和迪博数据库。

表 5 – 8　　　　　　　　控制活动对企业总融资规模的影响

变量	全样本		国有企业		非国有企业	
	Fin1	Fin2	Fin1	Fin2	Fin1	Fin2
Act	– 0. 0616 ***	– 0. 00408 ***	– 0. 0480 ***	– 0. 00580 ***	– 0. 0325 ***	– 0. 00269 ***
	(– 7. 285)	(– 8. 217)	(– 3. 945)	(– 7. 688)	(– 2. 912)	(– 4. 052)
Sholder	0. 00940 ***	8. 38e – 06	0. 0216 ***	– 0. 000274 **	– 0. 00878 ***	0. 000124
	(5. 499)	(0. 0851)	(9. 464)	(– 1. 964)	(– 3. 651)	(0. 879)
Sale	0. 000599 *	6. 08e – 05 ***	– 0. 000582	8. 53e – 05	0. 000862 **	6. 02e – 05 ***
	(1. 858)	(2. 772)	(– 0. 501)	(0. 995)	(2. 544)	(2. 605)
Fcf	– 2. 960 ***	– 0. 0400 **	– 3. 221 ***	0. 169 ***	– 3. 810 ***	– 0. 253 ***
	(– 8. 477)	(– 2. 294)	(– 6. 396)	(7. 247)	(– 8. 159)	(– 9. 729)

变量	全样本		国有企业		非国有企业	
	Fin1	Fin2	Fin1	Fin2	Fin1	Fin2
Eps	0.101 **	−0.00260	0.319 ***	−0.00307	−0.190 ***	−0.00164
	(2.088)	(−0.956)	(5.212)	(−0.878)	(−2.634)	(−0.383)
Constant	19.25 ***	0.0999 ***	19.25 ***	0.116 ***	19.30 ***	0.0911 ***
	(205.9)	(18.38)	(146.6)	(14.22)	(155.8)	(12.50)
Observations	8428	11768	3428	4932	4844	6622
R-squared	0.018	0.007	0.044	0.023	0.024	0.018

注：表中数据为各自变量的回归系数，括号内的数字为 T 检验值，*** 、** 和 * 分别表示 0.01、
0.05 和 0.1 的显著性水平。

资料来源：CSMAR 数据库、同花顺数据库和迪博数据库。

表 5 − 9　　　　　　　　　信息与沟通对企业总融资规模的影响

变量	全样本		国有企业		非国有企业	
	Fin1	Fin2	Fin1	Fin2	Fin1	Fin2
Infor	−0.0870 ***	−0.000493	−0.00664	0.00127	−0.0669 **	−0.00224
	(−4.206)	(−0.404)	(−0.242)	(0.730)	(−2.309)	(−1.299)
Sholder	0.00927 ***	−1.02e−05	0.0216 ***	−0.000278 **	−0.00898 ***	9.75e−05
	(5.414)	(−0.103)	(9.453)	(−1.978)	(−3.736)	(0.689)
Sale	0.000610 *	6.28e−05 ***	−0.000534	9.60e−05	0.000868 **	6.13e−05 ***
	(1.889)	(2.855)	(−0.459)	(1.112)	(2.562)	(2.651)
Fcf	−2.999 ***	−0.0402 **	−3.168 ***	0.171 ***	−3.878 ***	−0.257 ***
	(−8.559)	(−2.296)	(−6.275)	(7.269)	(−8.290)	(−9.847)
Eps	0.100 **	−0.00348	0.307 ***	−0.00428	−0.182 **	−0.00177
	(2.074)	(−1.276)	(4.997)	(−1.216)	(−2.525)	(−0.411)
Constant	18.98 ***	0.0709 ***	18.92 ***	0.0712 ***	19.21 ***	0.0762 ***
	(229.8)	(14.83)	(167.5)	(10.13)	(171.6)	(11.68)
Observations	8428	11768	3428	4932	4844	6622
R-squared	0.014	0.001	0.040	0.011	0.023	0.016

注：表中数据为各自变量的回归系数，括号内的数字为 T 检验值，*** 、** 和 * 分别表示 0.01、
0.05 和 0.1 的显著性水平。

资料来源：CSMAR 数据库、同花顺数据库和迪博数据库。

表 5 – 10　　　　　　　　内部监督对企业总融资规模的影响

变量	全样本		国有企业		非国有企业	
	Fin1	Fin2	Fin1	Fin2	Fin1	Fin2
Superv	0.0271 ***	– 0.00464 ***	– 0.00752	– 0.00749 ***	0.0458 ***	– 0.00203 ***
	(4.790)	(– 14.32)	(– 1.001)	(– 16.49)	(5.866)	(– 4.443)
Sholder	0.00923 ***	– 1.72e – 05	0.0216 ***	– 0.000311 **	– 0.00917 ***	7.92e – 05
	(5.391)	(– 0.175)	(9.432)	(– 2.273)	(– 3.834)	(0.562)
Sale	0.000646 **	5.81e – 05 ***	– 0.000559	5.61e – 05	0.000905 ***	6.02e – 05 ***
	(2.003)	(2.663)	(– 0.480)	(0.668)	(2.678)	(2.606)
Fcf	– 2.957 ***	– 0.0282	– 3.184 ***	0.176 ***	– 3.985 ***	– 0.247 ***
	(– 8.452)	(– 1.629)	(– 6.306)	(7.721)	(– 8.541)	(– 9.473)
Eps	0.0895 *	– 0.00457 *	0.305 ***	– 0.00574 *	– 0.181 **	– 0.00294
	(1.854)	(– 1.692)	(4.976)	(– 1.677)	(– 2.519)	(– 0.686)
Constant	18.57 ***	0.109 ***	18.97 ***	0.141 ***	18.70 ***	0.0881 ***
	(221.0)	(22.50)	(160.9)	(19.63)	(166.1)	(13.33)
Observations	8428	11768	3428	4932	4844	6622
R-squared	0.015	0.019	0.040	0.063	0.029	0.019

注：表中数据为各自变量的回归系数，括号内的数字为 T 检验值，***、** 和 * 分别表示 0.01、0.05 和 0.1 的显著性水平。

资料来源：CSMAR 数据库、同花顺数据库和迪博数据库。

5.4.2　内部控制对企业资本结构的影响

（1）相关性分析。对内部控制与企业资本结构的相关性分析如表 5 – 11 所示，结果显示内部控制与企业资本结构为显著负相关关系，内部控制水平越高，企业负债占总资产的比例越低，表明企业更倾向选择股权融资。

此外，控股股东持股比例与资本结构显著负相关，企业性质与资本结构显著正相关。

对内部控制五要素与企业资本结构的相关性分析如表 5 – 12 所示，结果显示，内部环境、控制活动及信息与沟通与企业资本结构规模显著负相关，这三项指数越高，企业的管理水平和管理效率越高，企业负债所占资产比例

表 5 – 11　　　　　　内部控制与企业资本结构相关系数（全样本）

变量	Jg	IC11	IC2	Sholder	Qyxz
Jg	1				
IC11	− 0. 033 ***	1			
IC2	− 0. 068 ***	0. 156 ***	1		
Sholder	− 0. 049 ***	0. 129 ***	0. 052 ***	1	
Qyxz	0. 070 ***	0. 064 ***	− 0. 004	0. 112 ***	1

注：表中 ***、** 和 * 分别表示 0. 01、0. 05 和 0. 1 的显著性水平。

资料来源：CSMAR 数据库、同花顺数据库和迪博数据库。

越低，企业更倾向股权融资。内部监督指数和企业资本结构显著正相关，显示企业内部监督为保障的前提下，可以承担债务融资还本付息的风险，债务融资占总资产比例较高。

表 5 – 12　　　　内部控制五要素与企业资本结构相关系数（全样本）

变量	Jg	Envir	Risk	Act	Infor	Superv
Jg	1					
Envir	− 0. 077 ***	1				
Risk	0. 008	− 0. 374 ***	1			
Act	− 0. 131 ***	0. 189 ***	0. 284 ***	1		
Infor	− 0. 063 ***	0. 428 ***	0. 066 ***	0. 317 ***	1	
Superv	0. 049 ***	− 0. 403 ***	0. 645 ***	0. 217 ***	− 0. 056 ***	1

注：表中 ***、** 和 * 分别表示 0. 01、0. 05 和 0. 1 的显著性水平。

资料来源：CSMAR 数据库、同花顺数据库和迪博数据库。

（2）内部控制对企业资本结构影响的回归分析。表 5 – 13 和表 5 – 14 为模型（5.3）的回归结果，检验内部控制对企业资本结构的影响，分别为全样本企业、国有企业和非国有企业样本的回归结果。结果显示内部控制与企业资本结构为显著负相关关系，内部控制水平越高，企业负债占总资产的比例越低，表明企业更倾向选择股权融资，但当选用内部控制指数时，国有企业内部控制指数越高，负债所占资产比例越高，表明企业内部控制越好，风险越低，加上国有企业债务融资的先天优势，会更多选择债务融资。

表 5－13 内部控制对企业资本结构的影响（内部控制指数）

变量	全样本	国有企业	非国有企业
	Jg	Jg	Jg
IC11	−0.00216	0.00893***	−0.0181***
	(−0.989)	(3.419)	(−5.489)
Sholder	0.000230*	0.000332*	−0.000926***
	(1.673)	(1.927)	(−4.651)
Sale	4.24e−05*	8.04e−05	4.98e−05**
	(1.877)	(1.435)	(1.994)
Fcf	−0.319***	−0.284***	−0.386***
	(−13.22)	(−9.849)	(−10.52)
Eps	−0.0193***	−0.0314***	−0.0222***
	(−5.015)	(−7.659)	(−3.309)
Constant	0.472***	0.468***	0.563***
	(32.27)	(26.20)	(25.77)
Observations	12758	5316	7166
R-squared	0.019	0.035	0.033

注：表中数据为各自变量的回归系数，括号内的数字为 T 检验值，***、** 和 * 分别表示0.01、0.05 和 0.1 的显著性水平。

资料来源：CSMAR 数据库、同花顺数据库和迪博数据库。

表 5－14 内部控制对企业资本结构的影响（内部控制信息披露指数）

变量	全样本	国有企业	非国有企业
	Jg	Jg	Jg
IC2	−0.00181***	−0.000516*	−0.00289***
	(−7.604)	(−1.733)	(−8.502)
Sholder	0.000120	0.000413**	−0.00101***
	(0.899)	(2.411)	(−5.406)
Sale	3.46e−05	−1.42e−05	4.79e−05*
	(1.472)	(−0.149)	(1.943)
Fcf	−0.279***	−0.280***	−0.327***
	(−11.90)	(−9.706)	(−9.533)
Eps	−0.0305***	−0.0284***	−0.0493***
	(−8.554)	(−7.305)	(−8.314)

续表

变量	全样本	国有企业	非国有企业
	Jg	Jg	Jg
Constant	0.511 *** (56.35)	0.537 *** (45.43)	0.535 *** (42.91)
Observations	13507	5402	7812
R-squared	0.024	0.033	0.043

注：表中数据为各自变量的回归系数，括号内的数字为 T 检验值， *** 、 ** 和 * 分别表示 0.01、0.05 和 0.1 的显著性水平。

资料来源：CSMAR 数据库、同花顺数据库和迪博数据库。

此外，企业自由现金流量和每股收益与企业资本结构显著负相关，表明企业经营好，有更多自由现金流量时，会更少选择债务融资。

（3）内部控制五要素对企业资本结构影响的回归分析。表5-15、表5-16、表5-17、表5-18、表5-19为模型（5.4）的回归结果，检验内部控制五要素对企业资本结构的影响，分别为全样本企业、国有企业和非国有企业样本的回归结果。结果显示，内部环境、控制活动及信息与沟通与企业资本结构规模显著负相关，这三项指数越高，企业的管理水平和管理效率越高，企业负债所占资产比例越低，企业更倾向股权融资。内部监督指数和企业资本结构显著正相关，显示企业内部监督为保障的前提下，可以承担债务融资还本付息的风险，债务融资占总资产比例较高。

表5-15　　　　　　　　　内部环境对企业资本结构的影响

变量	全样本	国有企业	非国有企业
	Jg	Jg	Jg
Envir	-0.00301 *** (-6.695)	-0.000486 (-0.796)	-0.00506 *** (-8.496)
Sholder	0.000123 (0.922)	0.000409 ** (2.390)	-0.00103 *** (-5.495)
Sale	3.60e-05 (1.531)	-7.89e-06 (-0.0832)	4.91e-05 ** (1.992)
Fcf	-0.285 *** (-12.12)	-0.279 *** (-9.692)	-0.349 *** (-10.15)

续表

变量	全样本	国有企业	非国有企业
	Jg	Jg	Jg
Eps	− 0.0294 *** (− 8.215)	− 0.0284 *** (− 7.273)	− 0.0456 *** (− 7.639)
Constant	0.481 *** (72.72)	0.525 *** (57.15)	0.489 *** (56.15)
Observations	13507	5402	7812
R-squared	0.023	0.033	0.043

注：表中数据为各自变量的回归系数，括号内的数字为 T 检验值，*** 、** 和 * 分别表示 0.01、0.05 和 0.1 的显著性水平。

资料来源：CSMAR 数据库、同花顺数据库和迪博数据库。

表 5 - 16　　　　　　　　　风险评估对企业资本结构的影响

变量	全样本	国有企业	非国有企业
	Jg	Jg	Jg
Risk	− 0.000394 (− 0.525)	0.00191 ** (2.024)	− 0.00111 (− 1.047)
Sholder	6.74e −05 (0.504)	0.000392 ** (2.292)	− 0.00115 *** (− 6.102)
Sale	3.57e −05 (1.517)	− 3.20e −06 (− 0.0337)	4.84e −05 * (1.956)
Fcf	− 0.279 *** (− 11.87)	− 0.279 *** (− 9.695)	− 0.328 *** (− 9.507)
Eps	− 0.0321 *** (− 8.993)	− 0.0283 *** (− 7.268)	− 0.0531 *** (− 8.932)
Constant	0.457 *** (72.10)	0.513 *** (61.96)	0.454 *** (52.07)
Observations	13507	5402	7812
R-squared	0.020	0.034	0.034

注：表中数据为各自变量的回归系数，括号内的数字为 T 检验值，*** 、** 和 * 分别表示 0.01、0.05 和 0.1 的显著性水平。

资料来源：CSMAR 数据库、同花顺数据库和迪博数据库。

表 5 – 17 控制活动对企业资本结构的影响

变量	全样本	国有企业	非国有企业
	Jg	Jg	Jg
Act	−0. 0101 ***	−0. 00542 ***	−0. 00925 ***
	(−15. 23)	(−5. 945)	(−10. 37)
Sholder	0. 000137	0. 000417 **	−0. 000992 ***
	(1. 034)	(2. 445)	(−5. 300)
Sale	3. 36e−05	−2. 45e−05	4. 72e−05 *
	(1. 441)	(−0. 259)	(1. 919)
Fcf	−0. 280 ***	−0. 282 ***	−0. 324 ***
	(−12. 02)	(−9. 814)	(−9. 453)
Eps	−0. 0298 ***	−0. 0278 ***	−0. 0504 ***
	(−8. 417)	(−7. 163)	(−8. 535)
Constant	0. 530 ***	0. 560 ***	0. 516 ***
	(72. 62)	(56. 81)	(52. 89)
Observations	13507	5402	7812
R-squared	0. 036	0. 039	0. 047

注：表中数据为各自变量的回归系数，括号内的数字为 T 检验值，*** 、** 和 * 分别表示 0. 01、0. 05 和 0. 1 的显著性水平。

资料来源：CSMAR 数据库、同花顺数据库和迪博数据库。

表 5 – 18 信息与沟通对企业资本结构的影响

变量	全样本	国有企业	非国有企业
	Jg	Jg	Jg
Infor	−0. 0111 ***	0. 00327	−0. 0119 ***
	(−6. 753)	(1. 557)	(−5. 156)
Sholder	9. 76e−05	0. 000404 **	−0. 00107 ***
	(0. 732)	(2. 361)	(−5. 669)
Sale	3. 54e−05	−3. 85e−06	4. 85e−05 **
	(1. 505)	(−0. 0406)	(1. 964)
Fcf	−0. 287 ***	−0. 279 ***	−0. 341 ***
	(−12. 22)	(−9. 694)	(−9. 894)
Eps	−0. 0305 ***	−0. 0288 ***	−0. 0500 ***
	(−8. 553)	(−7. 408)	(−8. 394)

续表

变量	全样本	国有企业	非国有企业
	Jg	Jg	Jg
Constant	0.479 *** (74.52)	0.514 *** (60.39)	0.473 *** (54.43)
Observations	13507	5402	7812
R-squared	0.023	0.033	0.037

注：表中数据为各自变量的回归系数，括号内的数字为 T 检验值，***、** 和 * 分别表示0.01、0.05 和 0.1 的显著性水平。

资料来源：CSMAR 数据库、同花顺数据库和迪博数据库。

表 5-19 　　　　　　　　内部监督对企业资本结构的影响

变量	全样本	国有企业	非国有企业
	Jg	Jg	Jg
Superv	0.00205 *** (4.620)	−0.000295 (−0.523)	0.00155 ** (2.500)
Sholder	6.78e−05 (0.508)	0.000404 ** (2.362)	−0.00114 *** (−6.096)
Sale	3.62e−05 (1.538)	−9.24e−06 (−0.0974)	4.86e−05 ** (1.963)
Fcf	−0.283 *** (−12.05)	−0.280 *** (−9.710)	−0.335 *** (−9.710)
Eps	−0.0317 *** (−8.878)	−0.0287 *** (−7.368)	−0.0522 *** (−8.788)
Constant	0.439 *** (66.91)	0.523 *** (58.76)	0.436 *** (49.23)
Observations	13507	5402	7812
R-squared	0.021	0.033	0.035

注：表中数据为各自变量的回归系数，括号内的数字为 T 检验值，***、** 和 * 分别表示0.01、0.05 和 0.1 的显著性水平。

资料来源：CSMAR 数据库、同花顺数据库和迪博数据库。

5.5　本章小结

本章具体分析内部控制对企业总融资规模和资本结构的影响，选取 2010 ~

2015 年样本，并细分为国有企业和非国有企业进行了研究。具体研究结果如下：

（1）内部控制对企业融资规模的影响。内部控制指数与企业总融资规模显著正相关，表明企业内部控制水平越高，企业越能够获得更多融资资金，但内部控制信息披露指数越高，企业的总融资比例越少，表明企业内部控制披露指数越高，企业的整体融资越谨慎。

内部环境、控制活动、信息与沟通指数与企业融资金额显著负相关，表明企业这三个方面越完善，企业有更少的融资，但同时内部环境与总融资比例显著正相关，即虽然获得融资金额降低，但占总资产比例是上升的。风险评估水平和内部监督工作越严格，企业能够获得更多的总融资越多，但是总融资占总资产的比例下降，表明企业严格控制和监督企业的风险，在增加融资的同时，严格控制融资占总资产的比重。

（2）内部控制对企业资本结构的影响。内部控制与企业资本结构为显著负相关关系，内部控制水平越高，企业负债占总资产的比例越低，表明企业更倾向选择股权融资，但当选用内部控制指数时，国有企业内部控制指数越高，负债所占资产比例越高，表明企业内部控制越好，风险越低，加上国有企业债务融资的先天优势，会更多选择债务融资。

内部环境、控制活动及信息与沟通与企业资本结构显著负相关，这三项指数越高，企业的管理水平和管理效率越高，企业负债所占资产比例越低，企业更倾向股权融资。内部监督指数和企业资本结构显著正相关，显示企业内部监督为保障的前提下，可以承担债务融资还本付息的风险，债务融资占总资产比例较高。

第6章　结论与展望

1. 研究结论

本书选取 2010～2015 年上市公司数据，研究了内部控制对企业融资的影响，具体从内部控制对企业债务融资的影响、内部控制对企业股权融资的影响、内部控制对企业资本结构的影响进行了研究。内部控制从企业总体内部控制和内部控制五要素两个方面展开研究，考虑到产权性质的影响，样本上细分为国有企业和非国有企业进行研究。总体上来看，内部控制有利于企业获得更大融资规模，在企业总体的融资结构看，内部控制水平越高，企业股权融资比例越大。主要研究结论如下：

（1）内部控制对企业债务融资的影响。全样本的企业内部控制与债务融资规模显著正相关，表明企业的内部控制水平越高，越能获得更大规模的债务融资。内部控制与企业债务期限结构显著正相关，表明企业内部控制水平越高，企业越能够获得更多长期融资。企业性质和企业债务期限结构显著正相关，从产权性质分析，如果企业为国有企业，内部控制越好，企业越能够获得更多长期债务融资，一定程度说明国有企业在债务融资方面，与非国有企业相比，存在显著优势。非国有企业内部控制与债务融资规模显著正相关。

在全样本分析中，内部环境、信息与沟通指数与企业融资规模显著正相关，表明企业内部环境、信息与沟通水平越高，越能够获得更大规模的债务融资。风险评估和内部监督指数和企业债务期限结构显著正相关，显示企业风险评估水平和内部监督工作越严格，企业越能够获得更多的长期债务，银行在审批企业借款时，企业风险水平和整体公司监督机制运行是重点考虑因素，若企业风险管理水平高，银行在审批企业借款时，更容易通过审核获批长期借款。内部环境、控制活动和信息与沟通指数越高，企业的管理水平和管理效率越高，企业的长期债务比率越低，可以降低融资成本。

（2）内部控制对企业股权融资的影响。内部控制与企业股权融资金额为显著正相关关系，内部控制水平越高，企业获得的股权融资金额越大，内部控制与股权融资比例显著负相关，表明企业在内部控制水平较高时，虽然能够获得更多融资规模，但占总资产的比例变小，融资决策变得更加谨慎，严格控制股权融资金额占总资产的比例。

内部环境和信息与沟通与企业股权融资规模显著负相关，这两项指数越高，企业的管理水平和管理效率越高，企业的股权融资规模和比例越低，企业可以减少股权融资的非效率行为，降低融资成本。控制活动与股权融资规模无显著关系，风险评估和内部监督指数和企业股权融资规模显著正相关，显示企业风险评估水平和内部监督工作越严格，越能够控制融资风险，企业从而能够获得更多的股权融资。

此外，细分研究了内部控制对企业 IPO 融资规模、市场表现、配股融资规模、公开增发融资规模、定向增发融资规模的影响，总体上结果表明企业内部控制水平越高，企业各类股权融资规模越大。

（3）内部控制对企业资本结构的影响。内部控制与企业资本结构为显著负相关关系，内部控制水平越高，企业负债占总资产的比例越低，表明企业更倾向选择股权融资，但当选用内部控制指数时，国有企业内部控制指数越高，负债所占资产比例越高，表明企业内部控制越好，风险越低，加上国有企业债务融资的先天优势，会更多选择债务融资。

内部环境、控制活动及信息与沟通与企业资本结构显著负相关，这三项指数越高，企业的管理水平和管理效率越高，企业负债所占资产比例越低，企业更倾向股权融资。内部监督指数和企业资本结构显著正相关，显示企业内部监督为保障的前提下，可以承担债务融资还本付息的风险，债务融资占总资产比例较高。

2. 建议

（1）上市公司方面，企业应构建完整的内部控制体系，不断提高自身的内部控制控制水平，高质量的内部控制可以增加企业融资规模，拓宽融资渠道，当有融资需求时，可以科学高效地制定融资决策、融资方式、调整自身资本结构，降低融资成本，提高公司利润。

（2）债权人和投资者方面，关注企业的内部控制水平，可以提高资金的安全性和收益。作为企业融资的来源，是否投入资金到企业，直接关系到债权人和投资者的利益。当考察具有融资需求企业的情况，应对其内部控制水平进行分析，可以帮助债权人和投资者科学地确定借款方式、期限、金额，以及更高效地选择投资目标公司。

（3）政府部门方面，进一步加强对企业内部控制水平的监管，为企业制定内部控制制度提供政策支持。企业高水平的内部控制将更好地促进企业的发展，更好维护债权人和投资者的利益。

3. 研究局限

本书在研究过程中具体分析了内部控制对企业融资的影响，但由于各种融资方式有其自身的特点，而需要考察的因素可能会有差异，但本书在分析中并没有充分考虑各种融资方式上的差异，可能会使研究结果与实际有稍许差异。

内部控制的衡量一直是学术界和实务界研究和探讨的内容，本书分析只是采用了迪博数据库指数，而内部控制涉及内容较多，指标在衡量上需要进一步完善。

4. 研究展望

本书采用实证分析的方法研究内部控制对企业融资的影响，但是每个企业的情况各不相同，大样本只是找到了普遍的相同点，可以对单案例公司进行具体分析，会更加充实研究的内容和可借鉴性。

内部控制在影响企业融资时，会有其他外部的因素影响这种关系，所以加入第三方变量，可以发现更多研究结论，进一步丰富内部控制的研究，探讨内部控制对企业融资的作用机理。

参 考 文 献

[1] Treadway 委员会发起组织委员会. 内部控制——整合框架 [M]. 方红星, 译. 第 1 版. 大连: 东北财经大学出版社, 2008.

[2] Treadway 委员会发起组织委员会. 企业风险管理——整合框架 [M]. 方红星, 王宏, 译. 第 1 版. 大连: 东北财经大学出版社, 2005.

[3] 财政部会计司. 企业内部控制规范讲解 2010 [M]. 北京: 经济科学出版社, 2010.

[4] 陈共荣, 刘燕. 内部控制信息披露的市场反应 [J]. 系统工程, 2007, (10): 40 - 45.

[5] 陈汉文, 周中胜. 内部控制质量与企业债务融资成本 [J]. 南开管理评论, 2014, 17 (3): 103 - 111.

[6] 程小可, 杨程程, 姚立杰. 内部控制、银企关联与融资约束——来自中国上市公司的经验证据 [J]. 审计研究, 2013 (5): 80 - 86.

[7] 崔志娟. 规范内部控制的思路与政策研究——基于内部控制信息披露 "动机选择" 视角的分析 [J]. 会计研究, 2011 (11): 52 - 56.

[8] 邓德强, 冯悦. 内部控制信息质量对债务融资成本的影响——基于深交所上市公司的经验证据 [C]. 中国会计学会学术年会. 2011.

[9] 邓德强. 金字塔结构与内部控制信息披露——来自沪市上市公司的经验证据 [J]. 东北财经大学学报, 2011 (4): 20 - 27.

[10] 丁卓君. 内部控制、会计信息质量与权益资本成本 [D]. 重庆: 重庆理工大学, 2017.

[11] 方春生, 王立彦, 林小驰, 等. SOX 法案、内控制度与财务信息可靠性 [J]. 审计研究, 2008 (1): 45 - 52.

[12] 方红星，金玉娜. 高质量内部控制能抑制盈余管理吗？[J]. 会计研究，2011 (8)：53 -60.

[13] 方红星，施继坤，张广宝. 产权性质、信息质量与公司债定价——来自中国资本市场的经验证据 [J]. 金融研究，2013 (4)：170 -182.

[14] 方红星，施继坤. 自愿性内部控制审计与权益资本成本——来自沪市 A 股非金融类上市公司的经验证据 [J]. 经济管理，2011 (12)：128 -134.

[15] 方红星，孙嵩，金韵韵. 公司特征、外部审计与内部控制信息的自愿披露——基于沪市上市公司 2003—2005 年年报的经验研究 [J]. 会计研究，2009 (10)：44 -52.

[16] 郭洪，何丹. 基于剩余收益模型的权益资本成本计量及其运用 [J]. 管理世界，2010 (1)：183 -185.

[17] 韩亮亮，李凯. 控制权、现金流权与资本结构——一项基于我国民营上市公司面板数据的实证分析 [J]. 会计研究，2008 (3)：66 -73.

[18] 郝东洋，张天西. 股利政策冲突、稳健会计选择与公司债务成本 [J]. 经济与管理研究，2011 (2)：72 -80.

[19] 何平，金梦. 信用评级在中国债券市场的影响力 [J]. 金融研究，2010 (4)：15 -28.

[20] 黄继承，阚铄，朱冰，等. 经理薪酬激励与资本结构动态调整 [J]. 管理世界，2016 (11)：156 -171.

[21] 黄娟娟，肖珉. 信息披露、收益不透明度与权益资本成本 [J]. 中国会计评论，2006 (4)：69 -84.

[22] 黄寿昌，李芸达，陈圣飞. 内部控制报告自愿披露的市场效应——基于股票交易量及股票收益波动率的实证研究 [J]. 审计研究，2010 (4)：44 -51.

[23] 赖丽珍，冯延超. 内部控制、审计质量与债务融资成本 [J]. 财会通讯，2016 (33)：10 -14.

[24] 李福祥. "非公开发行股票监管面临的难点及对策" [J]. 财贸经济，2006 (12)：46 -48.

[25] 李健，陈传明. 企业家政治关联、所有制与企业债务期限结构——基于转型经济制度背景的实证研究 [J]. 金融研究，2013 (3)：157 -169.

[26] 李菊. 定向增发类型对上市公司业绩影响的实证研究 [J]. 东北财经大学学报, 2009 (3): 60 – 63.

[27] 李育红, 秦江萍. 终极控制人对内部控制有效性的影响——基于我国深市上市公司的一项实证研究 [J]. 新疆大学学报 (哲学·人文社会科学版), 2010 (5): 17 – 21.

[28] 连玉君, 程建. 投资—现金流敏感性: 融资约束还是代理成本 [J]. 财经研究, 2007 (2): 37 – 46.

[29] 林斌, 周美华, 舒伟, 等. 内部控制、公司诉讼与债务契约——基于 A 股市场的经验研究 [J]. 审计与经济研究, 2015, 30 (3): 3 – 11.

[30] 林钟高, 丁茂桓. 内部控制缺陷及其修复对企业债务融资成本的影响——基于内部控制监管制度变迁视角的实证研究 [J]. 会计研究, 2017 (4): 73 – 80.

[31] 林钟高, 徐虹, 唐亮. 股权结构、内部控制信息披露与公司价值——来自沪深两市上市公司的经验证据 [J]. 财经论丛, 2009 (1): 68 – 74.

[32] 陆正飞, 叶康涛. 中国上市公司股权融资偏好解析——偏好股权融资就是缘于融资成本低吗? [J]. 经济研究, 2004 (4): 50 – 59.

[33] 逯东, 王运陈, 付鹏. CEO 激励提高了内部控制有效性吗? ——来自国有上市公司的经验证据 [J]. 会计研究, 2014 (6): 66 – 72.

[34] 罗进辉. 媒体报道对权益成本和债务成本的影响及其差异——来自中国上市公司的经验证据 [J]. 投资研究, 2012 (9): 95 – 112.

[35] 毛洁. 内部控制、资本结构与代理成本——基于创业板上市公司的实证研究 [J]. 财会通讯 (综合·下), 2012 (6): 87 – 90.

[36] 毛小元, 陈梦根, 杨云红. 配股对股票长期收益的影响: 基于改进三因子模型的研究 [J]. 金融研究, 2008 (5): 114 – 129.

[37] 孟媛. 内部控制、会计信息质量与股权融资偏好 [D]. 北京: 中国矿业大学, 2016.

[38] 彭韶兵, 赵根. 定向增发: 低价发行的偏好分析 [J]. 财贸经济, 2009 (4): 52 – 58.

[39] 龙姣. 上市公司内部控制信息披露对融资成本的影响研究 [D]. 重庆: 西南大学硕士论文, 2014.

[40] 施继坤, 张广宝. 自愿性内部控制审计披露与资本成本——理论分析与经验证据 [J]. 投资研究, 2014 (8): 28 – 42.

[41] 孙文娟. 内部控制报告与权益资本成本的关系研究 [J]. 财经理论与实践, 2011, 32 (4): 67 – 72.

[42] 孙铮, 李增泉, 王景斌. 所有权性质、会计信息与债务契约——来自我国上市公司的经验证据 [J]. 管理世界, 2006 (10): 100 – 107.

[43] 唐国正, 刘力. 公司资本结构理论——回顾与展望 [J]. 管理世界, 2006 (5): 158 – 169.

[44] 陶晓慧. 资产替代、债务期限结构与债权人保护 [J]. 经济与管理研究, 2009 (8): 67 – 72.

[45] 王爱群, 阮磊, 王艺霖. 基于面板数据的内控质量、产权属性与公司价值研究 [J]. 会计研究, 2015 (7): 63 – 70.

[46] 王敏, 夏勇. 内部控制质量与权益资本成本关系研究述评与展望 [J]. 经济与管理研究, 2011 (5): 49 – 55.

[47] 王砚. 企业内部控制质量影响权益资本成本的路径分析 [J]. 会计之友, 2016 (18): 62 – 66.

[48] 魏立江, 纳超洪. 定向增发预案公告市场反应及其影响因素研究——基于深圳证券交易所上市公司数据的分析 [J]. 审计与经济研究, 2008 (5): 86 – 90.

[49] 温国林. 上市公司内部控制缺陷披露对权益资本成本的影响研究 [D]. 集美大学硕士论文, 2017.

[50] 吴冲锋, 芮萌, 吴文锋. 提高信息披露质量真的能降低股权资本成本吗? [J]. 经济学, 2007, 6 (4): 1201 – 1216.

[51] 肖华, 张国清. 内部控制质量、盈余持续性与公司价值 [J]. 会计研究, 2013 (5): 73 – 80.

[52] 修宗峰, 段晴晴. 内部控制缺陷、产权性质与债务期限结构 [J]. 会计之友, 2018 (23): 27 – 33.

[53] 徐浩萍, 吕长江. 政府角色、所有权性质与权益资本成本 [J]. 会计研究, 2007 (6): 61 – 67.

[54] 闫志刚. 内部控制质量对股权资本成本的影响研究 [D]. 大连:

东北财经大学，2013.

[55] 杨丹，万丽梅，侯贝贝. 内部控制信息透明度与股权代理成本 [J]. 投资研究，2013 (3)：98 –113.

[56] 杨雄胜，李翔，邱冠华. 我国内部控制的社会认同度研究 [J]. 会计研究，2007 (8)：60 –67.

[57] 杨玉凤，王火欣，曹琼. 内部控制信息披露质量与代理成本相关性研究——基于沪市 2007 年上市公司的经验数据 [J]. 审计研究，2010 (1)：82 –88.

[58] 余海宗. 内部控制信息披露、市场评价与盈余信息含量 [J]. 审计研究，2013 (5)：87 –95.

[59] 张超，刘星，谭伟荣. 内部控制缺陷信息披露与企业投资效率——基于中国上市公司的经验研究 [J]. 南开管理评论，2015，18 (5)：136 –150.

[60] 张娟，李虎，王兵. 审计师选择、信号传递和资本结构优化调整——基于中国上市公司的实证分析. 审计与经济研究 [J]. 2010 (5)：33 –39.

[61] 张龙平，王军只，张军. 内部控制鉴证对会计盈余质量的影响研究——基于沪市 A 股公司的经验证据. 审计研究，2010 (2)：83 –90.

[62] 张敏，朱小平. 中国上市公司内部控制问题与审计定价关系研究——来自中国 A 股上市公司的横截面数据 [J]. 经济管理，2010 (9)：108 –113.

[63] 张然，王会娟，许超. 披露内部控制自我评价与鉴证报告会降低资本成本吗？——来自中国 A 股上市公司的经验证据 [J]. 审计研究，2012 (1)：96 –102.

[64] 陆正飞，高强. 中国上市公司融资行为研究——基于问卷调查的分析 [J]. 会计研究，2003 (10)：16 –24.

[65] 赵玉芳，余志勇，夏新平，等. 定向增发、现金分红与利益输送——来自我国上市公司的经验证据 [J]. 金融研究，2011 (11)：153 –166.

[66] 钟玮，杨天化. 资本结构、内部控制与公司绩效——基于我国银行类上市公司的实证研究 [J]. 经济与管理研究，2010 (5)：93 –100.

[67] 周勤业，刘宇. 上市公司股权再融资创新的比较与分析 [J]. 证券市场导报，2005 (9)：44 –49.

[68] 周振平. 产权性质、内部控制与公司债务融资 [D]. 成都：西南

财经大学，2014.

[69] 祝继高，陆正飞. 产权性质、股权再融资与资源配置效率 [J].
金融研究，2011（1）：131 –148.

[70] Amir E. , Y. Guan, et al. Auditor Independence and the Cost of Capital
before and after Sarbanes-Oxley: The Case of Newly Issued Public Debt. European
Accounting Review, 2010, 19（4）：633 –664.

[71] Anderson H. D. , Rose L. C. , Cahan S. F. Differential Shareholder
Wealth and Volume Effects Surrounding Private Equity Placements in New
Zealand. Pacific-Basin Finance Journal, 2006, 14（4）：367 –394.

[72] Andrew J. Leone. Factors Related to Internal Control Disclosure: A
Discussion of Ashbaugh. Journal of Accountingand Economics, 2007, 44（1）：
224 –237.

[73] Armstrong C. S. , Core J. E. , Taylor D. J. , et al. When Does Infor-
mation Asymmetry Affect the Cost of Capital？. Journal of Accounting Research,
2011（49）：1 –40.

[74] Ashbaugh – Skaife H. , Collins D. W. , Kinney W. R. , et al. The Effect
of SOX Internal Control Deficiencies and Their Remediation on Accrual Quality [J].
Social ence Electronic Publishing, 2008, 83（1）：217 –250.

[75] Balachandran B. , Krishnamurti C. , Theobald M. , et al. Dividend Re-
ductions, the Timing of Dividend Payments and Information Content. Journal of Cor-
porate Finance, 2012, 18（5）：1232 –1247.

[76] Barclay Michael J. , Holderness Clifford G. , Sheehan Dennis P. Private
Placements and Managerial Entrenchment [J]. Journal of Corporate Finance,
2007, 13（4）：461 –484.

[77] Beatty Randolph P. , Ritter Jay R. Investment Banking, Reputation,
and the Underpricing of Initial Public Offerings. Journal of financial economics,
1986, 15（1）：213 –232.

[78] Bebchuk Lucian Arye, Stole Lars A. Do Short-Term Objectives Lead to
Under-Or Overinvestment in Long-Term Projects？. The Journal of Finance, 1993,
48（2）：719 –730.

[79] Beneish M. D. , M. B. Billings, L. D. Hodder. Internal control weaknesses and information uncertainty [J]. The Accounting Review, 2008, 83 (3): 665 - 703.

[80] Borisova G. , Megginson W. L. Does Government Ownership Affect the Cost of Debt? Evidence from Privatization [J]. Review of Financial Studies, 2011, 24 (8): 2693 - 2737.

[81] Boubakri N. , Ghouma H. Control/ownership Structure, Creditor Rights Protection, and the Cost of Debt Financing: International Evidence. Journal of Banking Finance, 2010, 34 (10): 2481 - 2499.

[82] Chen S. S. , Ho K. W. , Lee C. F. Wealth Effects of Private Equity Placements: Evidence From Singapore. Financial Review, 2002, 37 (2): 165 - 183.

[83] Chou D. W. , Gombola M. , Liu F. Y. Long-run Underperformance Following Private Equity Placements: The Role of Growth Opportunities [J]. Quarterly Review of Economics & Finance, 2009, 49 (3): 1113 - 1128.

[84] Christensen P. O. , Enrique D. L. R. L. , Feltham G. A. Information and the Cost of Capital: An Ex Ante Perspective. The Accounting Review, 2010, 85 (3): 817 - 848.

[85] Costello A. M. , Wittenberg—Moerman R. The Impact of Financial Reporting Quality on Debt Contracting: Evidence from Internal Control Weak-Ness Reports [J]. Journal of Accounting Research, 2011, 49 (1): 97 - 136.

[86] Cready W. M. , Lopez T. J. , Sisneros C. A. Negative Special Items and Future Earnings: Expense Transfer or Real Improvements? [J]. The Accounting Review, 2012, 87 (4): 1165 - 1195.

[87] Davis A. K. , Piger J. M. , Sedor L. M. Beyond the Numbers: Measuring the Information Content of Earnings Press Release Language [J]. Contemporary Accounting Research, 2012, 29 (3): 845 - 856.

[88] Dhaliwal D. , Hogan C. , Trezevant R. , et al. Internal Control Disclosures, Monitoring, and the Cost of Debt [J]. The Accounting Review, 2011, 86 (4): 1131 - 1156.

[89] Diamond D. W. Reputation Acquisition in Debt Markets [J]. Levine's

Working Paper Archive, 1998, 97 (4): 828 - 862.

[90] Doyle J., Ge W., Mcvay S. Determinants of Weaknesses in Internal Control Over Financial Reporting [J]. Journal of Accounting & Economics, 2007, 44 (1 - 2): 193 - 223.

[91] Eckbo B. E. Valuation effects of corporate debt offerings [J]. Journal of Financial Economics, 1986, 15 (1): 119 - 151.

[92] Eng L. L., Mak Y. T. Corporate Governance and Voluntary Disclosure [J]. Journal of Accounting and Public Policy, 2003, 22 (4): 325 - 345.

[93] Epps R. W., Guthrie C. P. Sarbanes-Oxley 404 Material Weaknesses and Discretionary Accruals [J]. Accounting Forum, 2010 (34): 67 - 75.

[94] Frank J. Fabozzi, Franco Modigliani. Capital Markets: Institutions and Instruments. [J]. Journal of Finance, 1996, 47 (5): 2071.

[95] Fuller K. P., Goldstein M. A. Do Dividends Matter More in Declining Markets? [J]. Journal of Corporate Finance, 2011, 17 (3): 457 - 473.

[96] Gao P. Disclosure Quality, Cost of Capital, and Investor Welfare [J]. The AccountingReview, 2010, 85 (1): 1 - 29.

[97] Goh B. W., Li D. Internal Controls and Conditional Conservatism [J]. Accounting Review, 2011, 86 (3): 975 - 1005.

[98] Hammersley J. S., Myers L. A., Shakespeare C. Market Reactions to the Disclosure of Internal Control Weaknesses and to the Characteristics of Those Weaknesses Under Section 302 Of The Sarbanes Oxley Act Of 2002 [J]. Review of Accounting Studies, 2008, 13 (1): 141 - 165.

[99] Harris M., Raviv A. Capital Structure and the Information Role of Debt [J]. The Journal of Finance, 1990, 45 (2): 321 - 349.

[100] Hertzel Michael, Smith Richard L. Market Discounts and Shareholder Gains for Placing Equity Privately [J]. The Journal of Finance, 1993, 48 (2): 459 - 485.

[101] Hirshleifer D., Thakor A. V. Managerial Conservatism, Project Choice, and Debt [J]. Review of Financial Studies, 1992 (3): 437 - 470.

[102] Indjejikian R. J. Accounting Information, Disclosure, and the Cost of

Capital [J]. Journal of Accounting Research, 2007, 45 (2): 421 –426.

[103] Jensen M. C., Meckling W. H. Theory of the firm: Managerial behaviour, agency costs and ownership structure [J]. 1976, 3 (4): 0 –360.

[104] Kim J. B., Song B. Y., Zhang L. Internal Control Weakness and Bank Loan Contracting: Evidence from SOX Section 404 Disclosure [J]. The Accounting Review, 2011, 86 (4): 1157 –1188.

[105] Kim Y., Park M. S. Market uncertainty and disclosure of internal control deficiencies under the Sarbanes – Oxley Act [J]. Journal of Accounting & Public Policy, 2009, 28 (5): 419 –445

[106] Leland H., Pyle D. Information Asymmetries, Financial Structure and Financial Intermediation [J]. Journal of Finance, 1977, 32: 371 –387.

[107] Lopez T. J., Vandervelde S. D., Wu Y. J. Investor perceptions of an auditor's adverse internal control opinion [J]. Journal of Accounting & Public Policy, 2009, 28 (3): 231 –250.

[108] Myers S. C., Majluf N. S. Corporate Financing and Investment Decisions When Firms Have Information That Investors Do Not Have [J]. Journal of Financial Economics, 1984, 20 (2): 293 –315.

[109] Ogneva M., Subramanyam K. R., Raghunandan K. Internal Control Weakness and Cost of Equity: Evidence from SOX Section 404 Disclosures [J]. The Accounting Review, 2007, 82 (5): 1255 –1297.

[110] Rose., Jacob M., Norman, Strand C., Anna M. Per – ceptions of Investment Risk Associated with Material Control Weakness Pervasiveness and Disclosure Details [J]. The Accounting Review, 2010, 85 (5): 1787 –1804.

[111] Ross S. A. The Determination of Financial Structure: The Incentive Signaling Approach [J]. The Bell Journal of Economics, 1977, 8 (1): 23 –40.

[112] Stulz R. Managerial discretion and optimal financing policies [J]. Journal of Financial Economics, 1990, 26 (1): 3 –27.

[113] Wruck Karen Hopper. Equity Ownership Concentration and Firm Value: Evidence From Private Equity Financings [J]. Journal of Financial Economics, 1989, 23 (1): 3 –28.

[114] Wu X. , Wang Z. , Yao J. Understanding the Positive Announcement Effects of Private Equity Placements: New Insights From Hong Kong Data. Review of Finance, 2005, 9 (3): 385 –414.